부산
교통공사
관계법령
예상문제집

부산
교통공사
관계법령 예상문제집

초판 인쇄	2025년 1월 13일
초판 발행	2025년 1월 15일

편저자	취업연구소
발행처	소정미디어(주)
등록번호	제 313-2004-000114호
주소	경기도 고양시 일산서구 덕산로 88-45
대표번호	031-922-8965
팩스	031-922-8966

Preface

모든 시험에 앞서 가장 중요한 것은 문제를 많이 풀어봄으로써 그 시험의 유형 및 출제경향, 난이도 등을 파악하는 데에 있다. 즉, 최소시간 내 최대의 학습효과를 거두기 위해서는 기출문제의 분석이 무엇보다도 중요하다는 것이다.

부산교통공사 관계법령 예상문제집은 지방공기업법령, 도시철도법령, 철도안전법령을 조항별로 깔끔하게 정리하여 담고 문제마다 상세한 해설과 함께 관련 이론을 수록한 군더더기 없는 구성으로 예상문제집 본연의 의미를 살리고자 하였다.

수험생은 본서를 통해 출제가 예상되는 출제경향을 파악하고 학습의 방향을 잡아 단기간에 최대의 학습효과를 거둘 수 있을 것이다.

1%의 행운을 잡기 위한 99%의 노력! 본서가 수험생 여러분의 행운이 되어 합격을 향한 노력에 힘을 보탤 수 있기를 바란다.

Structure

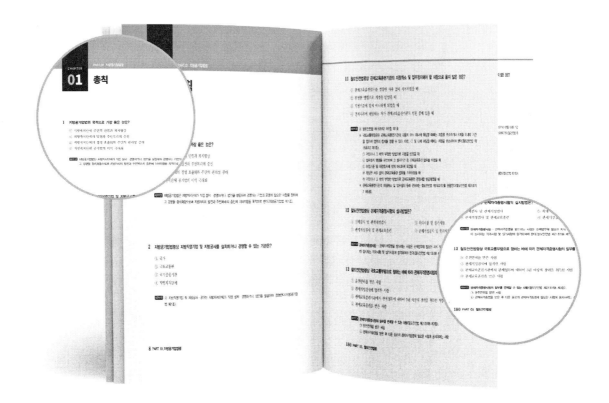

예상문제

시험에 출제될 가능성이 있는 문제들을 선별하여 예상문제집으로 구성하였으며, 학습자가 다양한 문제 유형을 미리 접해보고 실전에 대비할 수 있도록 구성하였습니다. 예상문제를 통해 시험의 흐름을 이해하고 문제 해결 능력을 키우며, 학습 과정에서 자신의 강점과 약점을 확인하고 보완할 수 있도록 구성하였습니다. 또한, 반복적인 문제 풀이를 통해 학습 내용을 자연스럽게 암기하고, 실제 시험과 유사한 환경을 체험하여 실전에 대한 자신감을 키울 수 있으며 스스로의 학습상태를 점검하고 최종 마무리를 할 수 있도록 구성하였습니다.

상세한 해설

상세한 해설을 통해 한 문제 한 문제에 대한 학습을 가능하도록 구성하였습니다. 정답을 맞힌 문제라도 꼼꼼한 해설을 통해 다시 한 번 내용을 확인할 수 있습니다. 틀린 문제를 체크하여 내가 취약한 부분을 파악할 수 있습니다.

Contents

01

지방공기업법령

CHAPTER 01 총칙

1 지방공기업법의 목적으로 가장 옳은 것은?

① 지방자치단체 주민의 단합과 복지향상
② 지방자치단체의 발전과 주민복리의 증진
③ 지방자치단체의 경영 효율화와 주민의 편리성 증대
④ 지방자치단체 공기업의 이익 극대화

> **ADIVICE** 지방공기업법은 지방자치단체가 직접 설치·경영하거나, 법인을 설립하여 경영하는 기업의 운영에 필요한 사항을 정하여 그 경영을 합리화함으로써 지방자치의 발전과 주민복리의 증진에 이바지함을 목적으로 한다〈지방공기업법 제1조〉.

2 지방공기업법령상 지방직영기업 및 지방공사를 설치하거나 경영할 수 있는 기관은?

① 국가
② 국토교통부
③ 국가공공기관
④ 지방자치단체

> **ADIVICE** ④ 지방직영기업 및 지방공사·공단는 지방자치단체가 직접 설치·경영하거나, 법인을 설립하여 경영한다〈지방공기업법 제1조〉.

3 지방공기업법에서 지방공사 및 지방공단 등에 적용하고 있는 대상사업의 범위에 포함되지 않는 사업은?

① 수도사업

② 토지개발사업

③ 도로청소사업

④ 도시철도사업

ADIVICE ③ 지방공기업법에서 적용범위 사업에 도로청소사업은 포함되지 않는다〈지방공기업법 제2조〉.
① 지방공기업법 제2조 제1항 제1호
② 지방공기업법 제2조 제1항 제8호
④ 지방공기업법 제2조 제1항 제3호

4 지방공기업법령상 지방직영기업의 사업범위에 속하지 않는 것은?

① 조성면적 30만 평방미터인 토지개발사업

② 보유차량 30량 이상인 도시철도사업

③ 보유차량이 30대 이상인 자동차운송사업

④ 1일 처리능력 3만 톤 이상인 하수도사업

ADIVICE ② 궤도사업(도시철도사업 포함)은 보유차량 50량 이상이어야 한다〈지방공기업법 시행령 제2조 제1항 제3호〉.
① 토지개발사업이 조성면적 10만 평방미터 이상이면 지방직영기업 사업의 범위에 포함된다〈지방공기업법 시행령 제2조 제1항 제8호〉.
③ 지방공기업법 시행령 제2조 제1항 제4호
④ 하수도사업은 1일 처리능력 1만 톤 이상이면 지방직영기업 사업의 범위에 포함된다〈지방공기업법 시행령 제2조 제1항 제6호〉.

☑**ANSWER** 1.② 2.④ 3.③ 4.②

5 지방공기업법령상 지방직영기업의 사업범위로 잘못 연결된 것은?

① 궤도사업 : 보유차량 50량 이상
② 주택사업 : 주택건설 면적 10만 평방미터 이상
③ 공업용수도사업 : 1일 생산능력 1만 톤 이상
④ 지방도로사업 : 유료터널·교량 5개소 이상

> **ADIVICE** 지방도로사업 … 지방도로사업은 도로관리연장 50킬로미터 이상 또는 유료터널·교량 3개소 이상이어야 한다〈지방공기업법 시행령 제2조 제1항 제5호〉.
> ① 지방공기업법 시행령 제2조 제1항 제3호
> ② 지방공기업법 시행령 제2조 제1항 제7호
> ③ 지방공기업법 시행령 제2조 제1항 제2호
> ※ 궤도사업 … 궤도(전용궤도는 제외한다)를 이용하여 사람이나 화물을 운송하고, 그 대가로 수익을 얻는 사업을 말한다.

6 지방공기업법령상 지방자치단체가 직접 설치·경영할 수 있는 사업으로 옳지 않은 것은?

① 도시철도사업
② 공업용수도사업
③ 여행사업
④ 체육시설업

> **ADIVICE** 관광사업에서 여행업 및 카지노업은 제외한다〈지방공기업법 제2조 제2항 제4호〉.

7 지방공기업법에서 지방 직영기업에 적용되는 대상사업으로 옳지 않은 것은?

① 공공재개발사업
② 지방도로사업(무료도로사업 포함)
③ 공용·공공용건축물의 관리 등의 수탁사업
④ 주택사업

> **ADIVICE** ② 지방도로사업은 유료도로사업만 해당한다〈지방공기업법 제2조 제1항 제5호〉.
> ① 지방공기업법 제2조 제1항 제10호
> ③ 지방공기업법 제2조 제1항 제9호
> ④ 지방공기업법 제2조 제1항 제7호

8 지방공기업법령상 지방직영기업 및 지방공사·공단이 경영하는 사업에 적용해야 할 사업범위를 모두 고르면?

㉠ 궤도사업	㉡ 지방유료도로사업
㉢ 자동차등록사업	㉣ 공공재건축사업
㉤ 주택·토지관리 등의 수탁	㉥ 마을상수도사업

① ㉠㉡㉢㉣

② ㉠㉡㉣㉤

③ ㉡㉢㉣㉤㉥

④ ㉠㉡㉢㉣㉤㉥

ADVICE 지방직영기업 및 지방공사·공단이 경영하는 사업에 적용해야 할 사업의 범위〈지방공기업법 제2조 제1항〉
 ㉠ 수도사업(마을상수도사업 제외)
 ㉡ 공업용수도사업
 ㉢ 궤도사업(도시철도사업 포함)
 ㉣ 자동차운송사업
 ㉤ 지방도로사업(유료도로사업만 해당)
 ㉥ 하수도사업
 ㉦ 주택사업
 ㉧ 토지개발사업
 ㉨ 주택(대통령령으로 정하는 공공복리시설 포함)·토지 또는 공용·공공용건축물의 관리 등의 수탁
 ㉩ 공공재개발사업 및 공공재건축사업

9 지방공기업법령상 지방공기업 경영기본원칙에 해당하지 않는 것은?

① 공정하고 자유로운 경제질서 유지

② 환경이 훼손되지 않도록 노력

③ 민간경제가 위축되지 않도록 자제

④ 공공복리 증대를 위한 최대한의 이윤창출

ADVICE ④ 지방공기업은 항상 기업의 경제성과 공공복리를 증대하도록 운영하여야 한다〈지방공기업법 제3조 제1항〉.
 ①②③ 지방공기업법 제3조 제2항

10 지방공기업법령상 지방공기업의 경영원칙에 대한 설명으로 옳지 않은 것은?

① 기업경영을 통해 공공복지 · 의료의 질을 높여야 한다.
② 기업의 경제성과 공공복리를 증대하도록 운영하여야 한다.
③ 민간경제를 위축시키지 않아야 한다.
④ 공정하고 자유로운 경제질서를 해치지 않도록 노력하여야 한다.

> **ADIVICE** 지방공기업 경영의 기본원칙〈지방공기업법 제3조〉
> ㉠ 지방공기업은 항상 기업의 경제성과 공공복리를 증대하도록 운영하여야 한다.
> ㉡ 지방자치단체는 지방공기업을 설치 · 설립 또는 경영할 때에 민간경제를 위축시키거나, 공정하고 자유로운 경제질서를 해치거나, 환경을 훼손시키지 아니하도록 노력하여야 한다.

11 지방공기업법령상 요금에 관한 규정을 준용할 수 있는 사업으로 옳지 않은 것은?

① 상수도사업
② 공업용수도사업
③ 수도사업
④ 하수도사업

> **ADIVICE** 요금에 관한 규정을 준용할 수 있는 사업〈지방공기업법 시행령 제2조의2 제1항〉
> ㉠ 수도사업
> ㉡ 공업용수도사업
> ㉢ 하수도사업

12 지방공기업법령상 요금에 관한 규정을 준용하고자 할 때 대상사업의 명칭을 어디에 게시 또는 고시하여야 하는가?

① 대한민국 관보
② 지방자치단체의 홈페이지
③ 정부홈페이지
④ 지방자치단체의 공보

> **ADIVICE** 지방자치단체의 장은 요금에 관한 규정을 준용하고자 하는 때에는 대상사업의 명칭을 그 지방자치단체의 공보에 고시하여야 한다〈지방공기업법 시행령 제2조의2 제2항〉.

CHAPTER 02 지방공사의 설립

1 지방공기업법령상 지방자치단체가 공사를 설립하기 위해 사전 협의해야 하는 대상으로 옳지 않은 것은?

① 행정안전부장관
② 도지사
③ 국토교통부장관
④ 특별시장

> **ADIVICE** 공사를 설립하기 전에 시·도지사는 행정안전부장관과, 시장·군수·구청장(자치구의 구청장을 말한다)은 관할 특별시
> 장·광역시장 및 도지사와 협의하여야 한다〈지방공기업법 제49조 제1항〉.
> ※ 공사를 설립하기 전에 협의해야 하는 대상은 행정안전부장관, 특별시장, 광역시장, 도지사 등이다.

2 지방공기업법령상 타당성 검토 결과를 공개해야 하는 시기는?

① 공사 설립 전에
② 공사 설립 후 3개월 이내
③ 공사 설립 후 6개월 이내
④ 공사 설립 후 1년 이내

> **ADIVICE** ① 타당성 검토결과는 공사설립 전에 공개해야 한다.
> ※ 지방자치단체는 공사를 설립하는 경우 대통령령으로 정하는 바에 따라 주민복리 및 지역경제에 미치는 효과, 사업
> 성 등 지방공기업으로서의 타당성을 미리 검토하고 그 결과를 공개하여야 한다〈지방공기업법 제49조 제3항〉.

☑ANSWER 10.① 11.① 12.④ / 1.③ 2.①

3 지방공기업법령상 타당성 검토 시 포함해야 할 사항을 모두 고르면?

> ㉠ 사업계획 및 투자방향
> ㉡ 지역경제와 지방재정에 미치는 영향
> ㉢ 지역환경과 주변 생태계에 미치는 영향
> ㉣ 사업의 적정성 여부

① ㉠㉡
② ㉡㉣
③ ㉡㉢㉣
④ ㉠㉡㉢㉣

ADIVICE 타당성 검토 시 포함해야 할 사항〈지방공기업법 시행령 제47조 제1항〉
    ㉠ 사업의 적정성 여부
    ㉡ 사업별 수지분석
    ㉢ 조직 및 인력의 수요판단
    ㉣ 주민의 복리증진에 미치는 영향
    ㉤ 지역경제와 지방재정에 미치는 영향

4 지방공기업법령상 지방자치단체의 장이 구성하는 심의위원회 위원의 자격이 없는 사람은?

① 관계전문가
② 해당 지방자치단체의 관계공무원
③ 국토교통부 관계공무원
④ 의회의원

ADIVICE 지방자치단체의 장은 의회의원·관계전문가 및 해당 지방자치단체의 관계공무원 등으로 심의위원회를 구성하여야 한다〈지방공기업법 시행령 제47조 제2항〉.

5 지방공기업법령상 타당성 검토를 위한 심의위원회 위원 중 최소 몇 명이 민간위원이어야 하는가?

① 2분의 1 미만
② 2분의 1 이상
③ 3분의 1 미만
④ 3분의 1 이상

ADIVICE 심의위원회의 구성과 운영에 필요한 사항은 해당 지방자치단체의 장이 정하되, 심의위원회 위원 중 2분의 1 이상은 민간위원으로 위촉하여야 한다〈지방공기업법 시행령 제47조 제3항〉.

6 지방공기업법령상 공사의 설립 타당성 검토를 의뢰할 수 있는 기관의 요건내용으로 옳지 않은 것은?

① 사업타당성 검토 업무에 3년 이상 종사한 경력을 가진 사람 5명 이상 보유
② 최근 3년 이내에 지방공기업 또는 공공기관의 연구용역 실적
③ 최근 5회 이상의 지방재정 및 공기업 관련 연구용역 실적
④ 사업타당성 검토 업무에 5년 이상 종사한 경력을 가진 사람 2명 이상 보유

ADIVICE 공사의 설립 타당성 검토를 의뢰할 수 있는 기관의 요건〈지방공기업법 시행령 제47조 제4항〉.
　　㉠ 사업타당성 검토 업무에 3년 이상 종사한 경력을 가진 사람 5명 이상과 5년 이상 종사한 경력을 가진 사람 2명 이상을 보유하고 있을 것
　　㉡ 최근 3년 이내에 지방공기업 또는 공공기관(이하 "공기업"이라 한다)이나 지방재정 관련 연구용역 실적이 있을 것

7 지방공기업법령상 지방자치단체가 다른 지방자치단체와 공동으로 공사를 설립할 때 포함되어야 할 사항이 아닌 것은?

① 의결기관 대표자의 선임방법
② 사업내용
③ 설립 지방자치단체
④ 출자방법 및 직원의 채용방법

ADIVICE ④ 공동으로 공사 설립 시 출자방법은 포함사항이나 직원의 채용방법은 포함되지 않는다〈지방공기업법 제50조 제3항〉.

☑ **ANSWER** 3.② 4.③ 5.② 6.③ 7.④

8 지방공기업법령상 공사의 주된 사무소의 위치를 정하는 기준은?

① 행정안전부장관의 승인
② 지방자치단체장의 승인
③ 조례
④ 정관

> **ADIVICE** 공사의 주된 사무소의 위치는 정관으로 정한다〈지방공기업법 제52조 제1항〉.
>
> ※ 공사는 지방자치단체의 장의 승인을 받아 필요한 곳에 지사(支社) 또는 출장소를 둘 수 있다〈지방공기업법 제52조 제2항〉.

9 지방공기업법령상 공사의 자본금은 주식으로 분할하여 발행할 경우 조례로 정하는 것이 아닌 것은?

① 발행하는 주식의 종류
② 주식 발행의 시기
③ 발행 주식의 총수와 주금의 납입시기 및 납입방법
④ 1주의 금액 및 출자방법

> **ADIVICE** 공사의 자본금은 주식으로 분할하여 발행할 경우에 조례로 정하는 것〈지방공기업법 제53조 제3항〉
>
> ㉠ 발행하는 주식의 종류
> ㉡ 1주의 금액
> ㉢ 주식 발행의 시기
> ㉣ 발행 주식의 총수
> ㉤ 주금(株金)의 납입시기 및 납입방법

10 지방공기업법령상 다른 법인에 대한 출자의 한도를 정하는 기준은?

① 대통령령
② 의회의 의결
③ 지방자치단체의 장의 승인
④ 조례

> **ADIVICE** 다른 법인에 대한 출자의 한도는 대통령령으로 정한다〈지방공기업법 제54조 제3항〉.

11 지방공기업법령상 사전검토를 하는 전문기관이 출자대상 법인에 대하여 고려해야 할 사항으로 틀린 것은?

① 법인이 수행하는 사업별 수지분석

② 사업이 지역경제에 미치는 영향

③ 법인이 수행하는 사업의 적정성 여부

④ 법인의 조직 및 인력의 수요판단

> **ADIVICE** 사전검토를 하는 전문기관이 고려하여 검토해야 할 사항〈지방공기업법 시행령 제47조의2 제3항〉
> ⊙ 출자대상 법인이 수행하는 사업의 적정성 여부
> ⓒ 출자대상 법인이 수행하는 사업별 수지분석
> ⓒ 재원 조달방법
> ⓔ 출자대상 법인이 수행하는 사업이 지역경제에 미치는 영향

12 지방공기업법령상 공사가 다른 법인에 출자할 수 있는 한도로 옳지 않은 것은? (단, 직전 사업연도의 말을 기준으로 함)

① 공사의 부채비율이 100% 미만인 경우 자본금의 50% 이내

② 공사의 부채비율이 100% 이상 200% 미만인 경우 자본금의 25% 이내

③ 공사의 부채비율이 200% 이상인 경우 자본금의 10% 이내

④ 공사의 부채비율이 300% 이상인 경우 자본금의 5% 이내

> **ADIVICE** 공사가 다른 법인에 출자할 수 있는 한도〈지방공기업법 시행령 제47조의2 제4항〉
> ⊙ 직전 사업연도 말 공사의 부채비율이 100분의 100 미만인 경우 : 직전 사업연도 말 공사의 자본금의 100분의 50 이내
> ⓒ 직전 사업연도 말 공사의 부채비율이 100분의 100 이상 100분의 200 미만인 경우 : 직전 사업연도 말 공사의 자본금의 100분의 25 이내
> ⓒ 직전 사업연도 말 공사의 부채비율이 100분의 200 이상인 경우 : 직전 사업연도 말 공사의 자본금의 100분의 10 이내

☑ **ANSWER** 8.④ 9.④ 10.① 11.④ 12.④

13 지방공기업법령상 지방자치단체가 소유하는 주식에 대한 주주권을 행사할 수 있는 자는?

① 지방자치단체의 장이 지정하는 소속 공무원
② 지방자치단체의회의 의장
③ 주민대표
④ 행정안전부 소속 공무원

> **ADIVICE** 지방자치단체가 소유하는 주식에 대한 주주권은 지방자치단체의 장 또는 지방자치단체의 장이 지정하는 소속 공무원이 행사한다〈지방공기업법 제55조〉.

14 지방공기업법령상 공사의 정관에 포함되어야 할 사항으로 옳지 않은 것은?

① 주식발행에 관한 사항
② 재무회계에 관한 사항
③ 설립 지방자치단체에 관한 사항
④ 공사의 조직에 관한 사항

> **ADIVICE** ③ 설립지방자치단체에 관한 사항은 정관에 포함되어야 할 사항이 아니다.
> ① 지방공기업법 제56조 제2항 제1호
> ② 지방공기업법 제56조 제1항 제7호
> ④는 기타 대통령령이 정하는 사항으로 정관에 포함되어야 할 사항이다〈지방공기업법 시행령 제48조〉.

15 지방공기업법령상 공사의 정관에 대한 설명으로 옳지 않은 것은?

① 공사 사무소의 소재지는 정관으로 정한다.
② 정관을 변경하려는 경우에는 인가를 받아야 한다.
③ 공사의 정관에 포함되어야 할 사항에서 기타 대통령령이 정하는 사항은 공사의 조직 및 정원에 관한 사항을 말한다.
④ 공사를 공동설립한 후 정관을 변경하려면 지방자치단체의 장의 인가를 받아야 한다.

> **ADIVICE** ④ 공동으로 공사를 설립한 경우에는 지방자치단체 간의 규약으로 정하는 바에 따른다〈지방공기업법 제56조 제3항〉.
> ① 지방공기업법 제56조 제1항 제3호
> ② 지방공기업법 제56조 제3항
> ③ 지방공기업법 시행령 제48조

16 지방공기업법령상 공사 설립등기는 자본금 납입일로부터 며칠 이내에 하여야 하는가?

① 1주일

② 2주일

③ 3주일

④ 4주일

ADIVICE 설립등기 … 공사는 자본금의 납입이 있는 날부터 3주일 이내에 등기하여야 한다〈지방공기업법 시행령 제49조〉.

17 지방공기업법령상 공사의 설립등기 시 등기해야 하는 사항이 아닌 것은?

① 공고의 방법

② 명칭

③ 출자의 방법을 정한 때에는 그 방법

④ 직원의 인적사항

ADIVICE ④ 임원의 성명과 주소는 등기사항에 포함되지만 직원의 인적사항은 포함되지 않는다〈지방공기업법 시행령 제49조〉.

18 지방공기업법령상 공사 해산사유로 볼 수 없는 것은?

① 주주총회의 결의

② 법원의 명령 또는 판결

③ 지방자치단체 의회의 의결

④ 정관으로 정한 사유의 발생

ADIVICE ①②④는 상법에 따른 해산사유에 해당된다〈지방공기업법 제57조의2〉.

19 지방공기업법령상 등기에 대한 설명이다. (   ) 안의 등기 기한이 다른 하나는?

> ㉠ 공사는 자본금의 납입이 있은 날부터 (   ) 이내에 설립등기를 하여야 한다.
> ㉡ 주된 사무소 또는 지사의 소재지를 관할하는 등기소의 관할구역 안에 새로이 지사를 설치한 때에는 (   ) 이내에 그 지사의 명칭과 소재지만을 등기한다.
> ㉢ 동일한 등기소의 관할구역 안에서 주된 사무소 또는 지사를 이전한 때에는 (   ) 이내에 그 이전의 뜻만을 등기한다.
> ㉣ 설립등기의 등기사항에 변경이 있는 때에는 주된 사무소의 소재지에 있어서는 (   ) 이내에 변경등기를 하여야 한다.

① ㉠   ② ㉡
③ ㉢   ④ ㉣

ADIVICE ㉠ 설립등기 – 3주일〈지방공기업법 시행령 제49조〉
㉡ 지사의 설치등기 – 2주일〈지방공기업법 시행령 제50조 제2항〉
㉢ 이전등기 – 2주일〈지방공기업법 시행령 제51조 제2항〉
㉣ 변경등기 – 2주일〈지방공기업법 시행령 제52조〉

20 지방공기업법령상 행정안전부장관가 해산요구를 할 수 있는 경우로 옳지 않은 것은?

① 설립목적의 달성이 불가능한 경우
② 사업전망이 없어 회생이 어려운 경우
③ 지역주민의 반대가 심해 경영이 어려운 경우
④ 부채상환능력이 현저히 낮은 경우

ADIVICE 행정안전부장관의 해산요구가 있을 경우〈지방공기업법 제57조의2 제2항〉
㉠ 부채 상환 능력이 현저히 낮은 경우
㉡ 사업 전망이 없어 회생이 어려운 경우
㉢ 설립 목적의 달성이 불가능한 경우

21 공사가 지사를 설치하는 때 주된 사무소의 소재지에 있어서 2주일 이내에 설치하여야 할 등기사항은?

① 설치된 지사의 명칭과 소재지
② 설치된 지사의 목적과 명칭
③ 설치된 지사의 주된 사무소 소재지
④ 설치된 지사의 임원의 성명과 주소

> **ADVICE** 공사가 지사를 설치하는 때에는 주된 사무소의 소재지에 있어서는 2주일 이내에 그 설치된 지사의 명칭과 소재지를 등기하여야 한다〈지방공기업법 시행령 제50조 제1항〉.

22 지방공기업법령상 다음 (   ) 안에 알맞은 것은?

> 주된 사무소 또는 지사의 소재지를 관할하는 등기소의 관할구역 안에 새로이 지사를 설치하는 경우에는 (   ) 이내에 그 지사의 명칭과 소재지만을 등기한다.

① 7일   ② 14일
③ 21일   ④ 30일

> **ADVICE** 주된 사무소 또는 지사의 소재지를 관할하는 등기소의 관할구역 안에 새로이 지사를 설치한 때에는 2주일 이내에 그 지사의 명칭과 소재지만을 등기한다〈지방공기업법 시행령 제50조 제2항〉.
> ※ 2주일 → 14일

23 지방공기업법령상 공사가 주된 사무소를 다른 등기소의 관할구역으로 이전한 때 등기해야 할 사항은?

① 주된 사무소의 소재지
② 임원의 성명과 주소
③ 이전의 목적
④ 이전의 뜻

> **ADVICE** 공사가 주된 사무소 또는 지사를 다른 등기소의 관할구역으로 이전한 때에는 구소재지에 있어서는 2주일 이내에 그 이전의 뜻을 등기하여야 한다〈지방공기업법 시행령 제51조 제1항〉.

☑ **ANSWER**   19.① 20.③ 21.① 22.② 23.④

24 지방공기업법령상 이전등기에 대한 설명 중 (   ) 안에 알맞은 것은?

> ㉠ 공사가 주된 사무소 또는 지사를 다른 등기소의 관할구역으로 이전한 때에는 신소재지에 있어서는 3주일 이내에 등기하여야 한다.
> ㉡ 동일한 등기소의 관할구역 안에서 주된 사무소 또는 지사를 이전한 때에는 (   ) 이내에 그 이전의 뜻만을 등기한다.

① 1주일   ② 2주일

③ 3주일   ④ 4주일

ADIVICE ㉠ 공사가 주된 사무소 또는 지사를 다른 등기소의 관할구역으로 이전한 때에는 신소재지에 있어서는 3주일 이내에 등기하여야 한다〈지방공기업법 시행령 제51조 제1항〉.
㉡ 동일한 등기소의 관할구역 안에서 주된 사무소 또는 지사를 이전한 때에는 2주일 이내에 그 이전의 뜻만을 등기한다〈지방공기업법 시행령 제51조 제2항〉.

25 지방공기업법령상 등기를 신청할 때 등기신청서에 첨부해야 할 서류로 옳지 않게 연결된 것은?

① 설립등기에 있어서는 정관·주식인수·현물출자·주금납입 및 직원의 인적사항을 증명하는 서류
② 지사의 설치등기에 있어서는 지사의 설치를 증명하는 서류
③ 이전등기에 있어서는 주된 사무소 또는 지사의 이전을 증명하는 서류
④ 변경등기에 있어서는 그 변경사항을 증명하는 서류

ADIVICE 등기를 신청할 때 등기신청서에 첨부해야 할 서류〈지방공기업법 시행령 제53조 제2항〉
㉠ **설립등기** : 정관·주식인수·현물출자·주금납입 및 임원의 자격을 증명하는 서류
㉡ **지사의 설치등기** : 지사의 설치를 증명하는 서류
㉢ **이전등기** : 주된 사무소 또는 지사의 이전을 증명하는 서류
㉣ **변경등기** : 그 변경사항을 증명하는 서류

지방공사의 임원 및 직원

1 지방공기업법령상 공사의 임원이 아닌 사람은?

① 사장
② 비상임이사
③ 이사장
④ 감사

ADIVICE 공사의 임원은 사장을 포함한 이사(상임이사와 비상임이사로 구분한다) 및 감사로 한다〈지방공기업법 제58조 제1항〉.

2 지방공기업법령상 지방공기업의 사장과 감사를 임명할 때 임원추천위원회의 추천 절차를 생략할 수 있는 경우는?

① 지방의회의 동의를 받은 경우
② 국회의 인준을 받은 경우
③ 인사청문회를 실시하는 경우
④ 대통령의 재가를 받은 경우

ADIVICE 인사청문회를 실시하는 경우에는 임원추천위원회의 추천절차를 생략할 수 있다〈지방공기업법 제58조 제3항〉.

3 지방공기업법령상 지방자치단체의 장이 임원추천위원회의 심의를 거쳐 임기가 끝난 사장을 연임시키고자 할 때 고려해야 할 사항으로 옳지 않은 것은?

① 영업이익의 결과
② 사장의 업무성과 평가결과
③ 경영평가의 결과
④ 경영성과 계약의 이행실적

ADIVICE 임원추천위원회의 심의를 거쳐 사장을 연임시키고자 할 때 고려할 사항〈지방공기업법 제58조 제4항〉
  ㉠ 경영성과 계약의 이행실적
  ㉡ 경영평가의 결과
  ㉢ 사장의 업무성과 평가결과

4 지방공기업법령상 사장의 연임 또는 해임의 기준이 되는 평가항목이 아닌 것은?

① 경영성과계약 이행실적 평가
② 경영평가
③ 지방자치단체 복지개발 평가
④ 업무성과 평가

ADIVICE 사장의 연임 또는 해임의 기준〈지방공기업법 시행령 제56조의2 제1항〉
  ㉠ 연임기준
  • 사장의 임기 중 경영성과계약 이행실적 평가, 경영평가 및 업무성과 평가에서 상위 평가를 받은 경우
  • 사장의 임기 중 경영성과계약 이행실적 평가, 경영평가 및 업무성과 평가 결과가 직전 연도에 비하여 현저히 상승한 경우
  ㉡ 해임기준
  • 사장의 임기 중 경영성과계약 이행실적 평가, 경영평가 및 업무성과 평가에서 하위평가를 받은 경우
  • 사장의 임기 중 경영성과계약 이행실적 평가, 경영평가 및 업무성과 평가 결과가 직전 연도에 비하여 현저히 하락된 경우

5 지방공기업법령상 사장의 연임기준 또는 해임기준을 위한 상위평가 및 하위평가의 범위를 정하는 주체는?

① 지방자치단체의 장
② 지방자치단체의 의회
③ 지방공기업정책위원회
④ 행정안전부장관

> **ADIVICE**
> ③ 상위평가 및 하위평가의 범위와 현저히 상승하거나 하락된 경우에 해당하는지 여부에 관한 판단기준은 지방공기업정책위원회의 심의를 거쳐 행정안전부장관이 정한다〈지방공기업법 시행령 제56조의2 제3항〉.

6 지방공기업법령상 임원추천위원회의 구성원을 추천할 수 없는 기관 또는 사람은?

① 행정안전부장관
② 의회
③ 지방자치단체의 장
④ 공사의 이사회

> **ADIVICE** 임원추천위원회는 공사에 두며 지방자치단체의 장, 의회, 공사의 이사회가 추천한 사람으로 구성한다〈지방공기업법 시행령 제56조의3 제1항〉.

7 지방공기업법령상 다음은 추천위원회의 구성에 있어서 공사의 이사회가 추천하는 사람의 수는?

① 1명
② 2명
③ 3명
④ 4명

> **ADIVICE** 추천위원회의 구성〈지방공기업법 시행령 제56조의3 제1항〉
> ㉠ 지방자치단체의 장이 추천하는 사람 2명
> ㉡ 의회가 추천하는 사람 3명
> ㉢ 공사의 이사회가 추천하는 사람 2명

☑ ANSWER 3.① 4.③ 5.④ 6.① 7.②

8 지방공기업법령상 추천위원회의 구성과 운영에 관한 설명으로 옳지 않은 것은?

① 임원추천위원회는 지방자치단체에 둔다.

② 공사를 설립할 때에는 지방자치단체의 장과 의회에서 추천하는 사람으로 추천위원회를 구성한다.

③ 고위공무원단에 속하는 일반직공무원으로 퇴직한 사람은 추천위원회의 위원이 될 수 있다.

④ 추천위원회는 재적위원 과반수의 찬성으로 의결한다.

ADVICE ① 임원추천위원회는 공사에 둔다〈지방공기업법 시행령 제56조의3 제1항〉.
② 지방공기업법 시행령 제56조의3 제1항
③ 지방공기업법 시행령 제56조의3 제3항 제4호
④ 지방공기업법 시행령 제56조의3 제5항

9 지방공기업법령상 추천위원회의 위원을 모두 고르면?

㉠ 공사의 비상임이사	㉡ 공사의 임·직원
㉢ 의회의원	㉣ 경영전문가

① ㉠㉣

② ㉡㉢

③ ㉠㉡㉢

④ ㉠㉡㉢㉣

ADVICE 공사의 임·직원(비상임이사 제외) 및 그 지방자치단체의 공무원(의회의원 포함)은 추천위원회의 위원이 될 수 없다〈지방공기업법 시행령 제56조의3 제4항〉.

10 지방공기업법령상 추천위원회의 운영에 관한 설명이다. 옳지 않은 것은?

① 추천위원회 회의의 심의·의결 내용이 기록된 회의록은 공개하여야 한다.

② 추천위원회의 위원장은 지방자치단체의 장이 지명한다.

③ 공사가 임원을 새로 임명하려면 지방자치단체의 장 및 의회에 추천위원회 위원의 추천을 요청하여야 한다.

④ 추천위원회는 추천된 자가 임원에 임명될 때까지 존속한다.

ADVICE ② 추천위원회의 위원장은 위원 중에서 호선하며, 위원장은 추천위원회를 대표하고 회의를 주재한다〈지방공기업법 시행령 제56조의3 제6항〉.
① 지방공기업법 시행령 제56조의3 제9항
③ 지방공기업법 시행령 제56조의3 제7항
④ 지방공기업법 시행령 제56조의3 제8항

11 지방공기업법령상 공사의 임원후보를 공개모집할 경우 모집기간은? (단, 지방자치단체장의 승인을 받지 않은 경우에 한함)

① 5일 이상
② 7일 이상
③ 10일 이상
④ 15일 이상

> **ADVICE** 임원의 모집공고의 모집기간은 15일 이상으로 하여야 한다. 다만, 신속한 채용을 위하여 부득이한 경우에는 지방자치단체의 장의 승인을 받아 모집기간을 단축할 수 있다〈지방공기업법 시행령 제56조의4 제1항〉.

12 지방공기업법령상 임원후보 추천 절차에 대한 설명으로 옳지 않은 것은?

① 추천위원회가 임원후보를 공개모집하여 추천할 경우 지방자치단체장의 승인을 받아 모집기간을 단축할 수 있다.
② 공사의 사장은 추천위원회에 임원후보의 재 추천을 요구할 수 있다.
③ 지방자치단체의 장이 임원후보의 재 추천을 요구할 경우 추천위원회는 임원후보를 재추천하여야 한다.
④ 추천위원회는 임원후보의 모집 · 조사 등의 관한 업무는 공사의 정관으로 정한다.

> **ADVICE** ④ 추천위원회는 임원후보의 모집 · 조사 등의 업무를 전문기관에 대행시킬 수 있다〈지방공기업법 시행령 제56조의4 제5항〉.
> ① 지방공기업법 시행령 제56조의4 제1항
> ②③ 지방공기업법 시행령 제56조의4 제4항

☑ **ANSWER** 8.① 9.① 10.② 11.④ 12.④

13 지방공기업법령상 지방자치단체의 장과 사장이 체결하는 경영성과계약의 방법 및 절차 등을 정하는 것은?

① 공사의 정관
② 지방자치단체의 조례
③ 행정안전부령
④ 대통령령

> **ADVICE** 경영성과계약의 방법 및 절차 등에 관하여 필요한 사항은 행정안전부령으로 정한다〈지방공기업법 제58조의2 제3항〉.

14 지방공기업법령상 공사임원의 직무에 대한 설명으로 옳지 않은 것은?

① 연임을 위하여 재임명에 관한 절차가 진행 중인 경우에는 임기가 만료된 임원에게 직무를 수행하게 할 수 있다.
② 공사의 사장은 임기 중 그 공사의 경영성과에 대하여 책임을 져야 한다.
③ 공사의 사장이 공사의 이익과 자신의 이익이 상반되는 사항에 관하여는 공사의 상임이사가 공사를 대표한다.
④ 공사의 사장, 이사 및 감사의 직무에 필요한 사항은 정관으로 정한다.

> **ADVICE** ③ 공사의 사장은 그 공사의 이익과 자신의 이익이 상반되는 사항에 대하여는 공사를 대표하지 못한다. 이 경우 감사가 공사를 대표한다〈지방공기업법 제59조 제4항〉.
> ① 지방공기업법 시행령 제57조
> ② 지방공기업법 제59조 제3항
> ④ 지방공기업법 제59조 제5항

15 지방공기업법령상 지방자치단체의 장이 만료된 임원으로 하여금 그 후임자가 임명될 때까지 그 직무를 행하게 할 수 있는 경우는?

① 의회에서 임원후보의 동의 절차가 진행 중인 경우
② 후임자가 임명될 때까지 직무대행이 반드시 필요하다고 지방자치단체의 장이 인정하는 경우
③ 직무대행에 관하여 과반 수 이상 임원의 찬성이 있는 경우
④ 임원의 근속년수가 3년을 초과한 경우

> **ADVICE** 임기 만료임원에 의한 직무대행이 가능한 경우〈지방공기업법 시행령 제57조〉
> ㉠ 연임을 위하여 그 재임명에 관한 절차가 진행 중인 경우
> ㉡ 후임자가 임명될 때까지 직무대행이 반드시 필요하다고 지방자치단체의 장이 인정하는 경우
> ※ ① 임원후보는 추천위원회가 공개모집 등을 통해 추천한다〈지방공기업법 시행령 제56조의4 제1항〉.

16 지방공기업법령상 공사의 임원이 될 수 있는 사람은?

① 지방공기업법 위반으로 벌금형을 선고받고 1년이 된 사람
② 파산선고를 받고 복권되지 아니한 사람
③ 경영개선명령을 정당한 사유 없이 이행하지 아니하여 해임된 후 3년이 지난 사람
④ 피성년후견인

> **ADIVICE** ③ 경영개선명령을 정당한 사유 없이 이행하지 아니하여 해임된 후 3년이 지나지 아니한 사람은 공사임원 결격사유에 해당된다〈지방공기업법 제60조 제1항 제4호〉.
> ① 지방공기업법을 위반하여 벌금형을 선고받고 2년이 지나지 아니한 사람은 공사임원 결격사유에 해당된다〈지방공기업법 제60조 제1항 제5호〉.
> ②④는 공무원의 결격사유로 공사임원 결격사유에 해당된다〈지방공무원법 시행령 제60조 제1항 제3호〉.

17 지방공기업법령상 공사임원의 결격사유에 대한 설명으로 옳지 않은 것은?

① 공무원의 결격사유에 해당하면 공사의 임원이 될 수 없다.
② 임원이 임명당시 임원결격사유에 해당되었을 경우에는 당연히 퇴직하여야 한다.
③ 경영개선명령을 이행하지 않아 지방자치단체장으로부터 해임된 지 3년 이내인 사람은 공사의 임원이 될 수 없다.
④ 퇴직한 임원이 퇴직 전에 관여한 행위는 효력을 잃는다.

> **ADIVICE** ④ 당연 퇴직한 임원이 퇴직 전에 관여한 행위는 그 효력을 잃지 아니한다〈지방공기업법 제60조 제3항〉.
> ① 지방공무원법상 공무원의 결격사유에 해당하는 사람은 임원의 결격사유에 해당된다〈지방공기업법 제60조 제1항 제3호〉.
> ② 지방공기업법 제60조 제2항
> ③ 경영개선명령을 정당한 사유 없이 이행하지 아니하여 지방자치단체장으로부터 해임된 후 3년이 지나지 아니한 사람은 임원의 결격사유에 해당된다〈지방공기업법 제60조 제1항 제4호〉.

☑**ANSWER** 13.③ 14.③ 15.② 16.③ 17.④

18 지방공기업법령상 공사 임직원의 겸직을 제한하는 업무로 옳지 않은 것은?

① 해당 업무에 종사함으로써 직무에 부당한 영향을 끼칠 수 있는 업무

② 임원이 지방자치단체의 장의 허가를 받아 사기업체의 감사로 수행하는 업무

③ 영리를 목적으로 하는 공업업무

④ 해당 업무에 종사함으로써 직무능률을 떨어뜨릴 우려가 있는 업무

> **ADIVICE** ② 임원이 지방자치단체의 장의 허가를 받은 경우에는 겸직을 제한하지 않는다〈지방공기업법 제61조 제1항〉.
> ①④ 임직원의 겸직 제한업무는 업무에 종사함으로써 직무에 부당한 영향을 끼치거나 직무능률을 떨어뜨릴 우려가 있는 업무 등으로서 대통령령으로 정하는 업무를 말한다〈지방공기업법 제61조 제2항〉.
> ③ 공사의 임원 및 직원이 상업, 공업, 금융업 또는 그 밖에 영리를 목적으로 하는 사기업체(私企業體)의 이사, 감사, 업무를 집행하는 무한책임사원, 지배인, 발기인 또는 그 밖의 임원이 되어 수행하는 업무는 겸직을 제한한다〈지방공기업법 시행령 제57조의2 제2호〉.

19 지방공기업법령상 공사의 직원임용 시 평가내용으로 옳지 않은 것은?

① 능력의 실증

② 근무성적

③ 경력사항

④ 시험성적

> **ADIVICE** 공사의 직원은 시험성적, 근무성적, 그 밖의 능력의 실증(實證)에 따라 임용되어야 한다〈지방공기업법 제63조 제2항〉.

20 지방공기업법령상 공사 임직원의 보수기준을 정할 때 반영되는 것은?

① 시장경제 전망

② 공사의 재무상태

③ 공무원의 보수기준

④ 공사의 경영성과

> **ADIVICE** 임직원의 보수 … 공사의 임직원의 보수기준은 공사의 경영성과가 반영될 수 있도록 하여야 한다〈지방공기업법 제63조의3〉.

21 지방공기업법령상 대리인의 선임등기 장소로 옳지 않은 곳은? (대리인을 둔 주된 장소를 기준으로 함)

① 사무소의 소재지
② 출장소의 소재지
③ 사업현장의 소재지
④ 지사의 소재지

ADVICE 공사의 사장은 대리인을 선임한 때에는 선임한 날부터 2주일 이내에 대리인을 둔 주된 사무소, 지사 또는 출장소의 소재지에서 등기하여야 한다〈지방공기업법 시행령 제57조의3 제1항〉.

22 지방공기업법령상 다음은 공사의 사장이 대리인 선임등기 하는 시기를 설명한 것이다. (   ) 안에 숫자를 모두 합하면?

> • 대리인을 선임한 때에는 선임한 날부터 (   ) 이내에 등기하여야 한다.
> • 대리인을 해임한 때에는 해임한 날부터 (   ) 이내에 등기하여야 한다.

① 2주일
② 3주일
③ 4주일
④ 5주일

ADVICE 대리인의 선임등기 기한
　㉠ 대리인을 선임한 때에는 선임한 날부터 2주일 이내〈지방공기업법 시행령 제57조의3 제1항〉
　㉡ 대리인을 해임한 때에는 해임한 날부터 2주일 이내〈지방공기업법 시행령 제57조의3 제2항〉

23 지방공기업법령상 공사 임직원의 징계에 대한 설명으로 옳지 않은 것은?

① 공사의 사장은 징계위원회를 열어 임직원을 징계할 수 있다.

② 임직원이 금품을 수수한 경우에는 징계부가금을 부과할 수 있다.

③ 지방자치단체장은 공사의 징계권자에게 징계 또는 징계부가금의 부과를 요구할 수 있다.

④ 징계 및 징계부가금 부과에는 소멸시효가 있다.

ADIVICE ① 공사는 정관에서 정하는 바에 따라 공사의 임직원을 징계할 수 있다〈지방공기업법 제63조의6 제1항〉.
② 지방공기업법 제63조의6 제2항
③ 지방공기업법 제63조의6 제4항
④ 지방공기업법 제63조의6 제5항

24 지방공기업법령상 징계부가금의 부과대상으로 옳지 않은 것은?

① 향응수수　　　　　　　　　　　② 공금의 손해·손실
③ 공금의 횡령·유용　　　　　　　④ 금품수수

ADIVICE 공사의 징계권자는 공사의 임직원의 금품 및 향응 수수(授受), 공금의 횡령(橫領)·유용(流用)을 이유로 징계를 하는 경우에는 해당 징계 외에 금품 및 향응 수수액, 공금의 횡령액·유용액에 대한 징계부가금을 부과할 수 있다〈지방공기업법 제63조의6 제2항〉.

25 지방공기업법령상 다음 (　　) 안에 알맞은 것은?

> 공사의 임직원이 금품 및 향응 수수, 공금의 횡령·유용으로 형사처벌을 받거나 변상책임·몰수·추징을 당한 경우에는 벌금, 변상금, 몰수 또는 추징금에 해당하는 금액과 징계부과금액의 합계액은 금품 및 향응 수수액, 공금의 횡령액·유용액의 (　　)를 초과해서는 아니 된다.

① 3배　　　　　　　　　　　　　② 5배
③ 7배　　　　　　　　　　　　　④ 10배

ADIVICE 공사의 임직원이 금품 및 향응 수수, 공금의 횡령·유용으로 다른 법률에 따라 형사처벌을 받거나 변상책임 등을 이행한 경우(몰수나 추징을 당한 경우 포함) 벌금, 변상금, 몰수 또는 추징금에 해당하는 금액과 금액의 합계액은 금품 및 향응 수수액, 공금의 횡령액·유용액의 5배를 초과해서는 아니 된다〈지방공기업법 제63조의6 제3항〉.

26 지방공기업법령상 공사의 징계권자에게 징계 또는 징계부가금의 부과요구를 할 수 있는 주체는?

① 행정안전부장관
② 지방자치단체장
③ 공사의 사장
④ 의회의장

> **ADIVICE** 지방자치단체의 장은 징계 또는 징계부가금의 부과가 필요함에도 불구하고 공사의 징계권자가 필요한 조치를 하지 아니하는 경우에는 공사의 징계권자에게 징계 또는 징계부가금의 부과를 요청할 수 있다〈지방공기업법 제63조의6 제4항〉.

27 지방공기업법령상 임직원의 공금횡령에 따른 징계 및 징계부가금부과에 대한 소멸시효는?

① 2년
② 3년
③ 5년
④ 7년

> **ADIVICE** 징계 및 징계부가금 부과는 그 사유가 발생한 날부터 3년(금품 및 향응 수수, 공금의 횡령·유용의 경우에는 5년)이 지나면 하지 못한다〈지방공기업법 제63조의6 제5항〉.

28 지방공기업법령상 비위행위에 해당하지 않는 것은?

① 회계부정
② 개인 간의 금전거래 행위
③ 불공정거래행위
④ 정관·내규 등을 위반하여 채용·승진 등 인사에 개입하거나 영향을 주는 행위

> **ADIVICE** 비위행위〈지방공기업법 시행령 제57조의4 제1항〉
> ㉠ 직무와 관련하여 위법하게 금전, 물품, 부동산, 향응 또는 그 밖의 재산상 이익을 주고받거나 주고받을 것을 약속하는 행위
> ㉡ 해당 공사의 공금, 재산 또는 물품의 횡령, 배임, 절도, 사기 또는 유용(流用)
> ㉢ 성폭력범죄
> ㉣ 성매매알선 등의 금지행위
> ㉤ 법령이나 정관·내규 등을 위반하여 채용·승진 등 인사에 개입하거나 영향을 주는 행위로서 인사의 공정성을 현저하게 해치는 행위
> ㉥ 해당 공사의 업무와 관련되는 법령 등을 위반하여 이루어진 채용비위, 조세포탈, 회계부정, 불공정거래행위 등과 관련한 중대한 위법행위

☑ **ANSWER** 23.① 24.② 25.② 26.② 27.③ 28.②

29 지방공기업법령상 수사기관등에 해당하지 않는 기관은?

① 검찰청
② 경찰청
③ 공수처
④ 감사원

> **ADIVICE** 수사기관등은 검찰, 경찰 등 수사기관과 감사원 등 감사기관을 말한다〈지방공기업법 제63조의7 제2항〉.
>
> ※ **공수처** … 공수처는 고위공직자범죄수사처의 줄임말로 고위공직자범죄 등에 관한 수사를 담당하고 있다.

30 지방공기업법령상 비위행위자인 공사의 임원에 대하여 해임하거나 해임을 요구할 자격이 없는 사람은?

① 행정안전부장관
② 특별시장
③ 시·도지사
④ 심의위원장

> **ADIVICE** ① 행정안전부장관은 지방자치단체의 장에게 해당 공사 임원을 해임할 것을 요구할 수 있다〈지방공기업법 제63조의7 제3항〉.
>
> ②③ 지방자치단체(특별시·광역시·특별자치시·도 및 특별자치도)의 장은 해당 공사 임원을 해임하거나 그 공사의 사장에게 해임을 요구할 수 있다〈지방공기업법 제63조의7 제3항〉.

31 지방공기업법령상 지방자치단체의 장이 채용비위와 관련하여 유죄판결이 확정된 임직원에 대하여 공사의 사장에게 요구할 수 있는 조치로 옳지 않은 것은?

① 인사상의 불이익 조치
② 합격의 취소조치
③ 임용취소의 조치
④ 전보발령조치

> **ADIVICE** 지방자치단체의 장은 공사의 임직원이 비위행위 중 채용비위와 관련하여 유죄판결이 확정된 경우 해당 채용비위로 인하여 채용시험에 합격하거나 승진 또는 임용된 사람에 대하여는 해당 공사의 사장에게 합격·승진·임용의 취소 또는 인사상의 불이익 조치를 취할 것을 요구할 수 있다. 이 경우 공사의 사장은 그 내용과 사유를 당사자에게 통지하여 소명할 기회를 주어야 한다〈지방공기업법 제63조의7 제5항〉

32 지방공기업법령상 공개심의위원회 위원장을 포함한 위원의 수는?

① 7명 이내

② 11명 이내

③ 15명 이내

④ 25명 이내

ADIVICE 공개심의위원회는 위원장 1명을 포함한 15명 이내의 위원으로 구성한다〈지방공기업법 시행령 제57조의5 제2항〉.

33 지방공기업법령상 공개심의위원회에서 공무원이 아닌 위원의 임기는?

① 1년

② 2년

③ 3년

④ 4년

ADIVICE 공무원이 아닌 위원의 임기는 2년으로 한다〈지방공기업법 시행령 제57조의5 제5항〉.

34 지방공기업법령상 채용비위자에 대한 인적사항 및 비위행위 사실 등의 공개방법으로 옳지 않은 것은?

① 관보에 게제

② 행정안전부장관이 지정하는 인터넷 사이트

③ 지방자치단체의 인터넷 홈페이지

④ 지방자치단체의 공보

ADIVICE 인적사항 및 비위행위 사실 등의 공개방법〈지방공기업법 시행령 제57조의6 제1항〉
  ㉠ 관보에 게제
  ㉡ 행정안전부장관이 지정하는 인터넷 사이트
  ㉢ 해당 지방자치단체의 인터넷 홈페이지

35 지방공기업법령상 인적사항 및 비위행위 사실 등을 공개하는 주체는?

① 행정안전부장관
② 지방자치단체장
③ 공개심의위원회 위원장
④ 공사의 사장

ADIVICE 채용비위자에 대한 인적사항 및 비위행위 사실 등의 공개는 지방자치단체의 장이 한다〈지방공기업법 시행령 제57조의 6 제1항〉.

36 지방공기업법령상 채용비위와 관련하여 유죄판결이 확정된 임원의 비위행위 사실 등을 공개할 경우 공개대상으로 볼 수 없는 것은?

① 채용비위와 관련하여 유죄판결이 확정된 임원의 직업 및 주소
② 채용비위 행위의 내용 및 방법
③ 채용비위 행위와 관련된 유죄의 확정판결 내용
④ 채용비위 행위 당시 공범과의 관계

ADIVICE 인적사항 및 비위행위 사실 등을 공개할 포함해야 할 사항〈지방공기업법 시행령 제57조의6 제1항〉
  ㉠ 채용비위와 관련하여 유죄판결이 확정된 임원의 나이, 직업 및 주소. 이 경우 상세주소는 생략할 수 있다.
  ㉡ 채용비위 행위 당시 소속 공사의 명칭 및 주소, 담당 직무 및 직위
  ㉢ 채용비위 행위의 내용 및 방법
  ㉣ 채용비위 행위와 관련된 유죄의 확정판결 내용

37 지방공기업법령상 공사의 사장이 합격취소등을 결정하고자 할 때 당사자에게 소명할 수 있는 기회를 주고자 할 때의 통지기한은?

① 결정하기 5일 전
② 결정하기 7일 전
③ 결정하기 10일 전
④ 결정하기 15일 전

ADIVICE 공사의 사장은 합격취소등을 결정하기 10일 전까지 합격취소등의 당사자에게 통지하여야 한다〈지방공기업법 시행령 제57조의6 제3항〉.

38 지방공기업법령상 합격취소등의 결정에 관한 설명으로 옳지 않은 것은?

① 합격취소등의 통지를 받은 당사자가 소명하지 않는 경우에는 1회에 한하여 추가소명기회를 주어야 한다.
② 공사의 사장은 합격취소등을 결정하기 전에 증거물의 제출을 요구할 수 있다.
③ 지방자치단체의 장에게 합격취소등의 결과에 대한 내용을 지체 없이 통지해야 한다.
④ 합격취소등의 당사자에게 합격취소등에 관한 결정내용을 공사 사장이 통지해야 한다.

> **ADIVICE** ① 공사의 사장은 통지를 받은 합격취소등의 당사자가 정당한 사유 없이 소명하지 않는 경우에는 추가로 소명기회를
> 주지 않고 합격취소등을 할 수 있다〈지방공기업법 시행령 제57조의6 제4항〉
> ② 지방공기업법 시행령 제57조의6 제5항
> ③④ 지방공기업법 시행령 제57조의6 제6항

39 지방공기업법령상 인사감사의 대상으로 옳지 않은 것은?

① 신입사원 채용
② 임직원의 윤리경영
③ 인사운영 전반
④ 임직원의 승진 및 평가

> **ADIVICE** 인사감사의 대상 … 인사감사는 인사운영 전반 또는 채용, 승진, 평가 등 특정사항을 대상으로 한다〈지방공기업법 시행
> 령 제57조의7 제1항〉.

40 지방공기업법령상 인사감사의 효율적인 수행을 위하여 필요한 사항을 정하는 주체는?

① 대통령령
② 공사의 정관
③ 지방자치단체의 장
④ 지방자치단체의 조례

> **ADIVICE** 인사감사의 효율적인 수행을 위하여 필요한 사항은 지방자치단체의 장이 정한다〈지방공기업법 시행령 제57조의7 제3항〉.

☑ **ANSWER** 35.② 36.④ 37.③ 38.① 39.② 40.③

CHAPTER

04 지방공사의 재무회계 및 감독

1 지방공기업법령상 공사의 회계처리에 대한 설명으로 옳지 않은 것은?

① 회계처리는 기업회계기준에 따른다.

② 공사는 회계거래를 발생 사실에 따라 회계처리 한다.

③ 공사는 사업장별로 구분하여 회계처리해야 한다.

④ 기업회계기준은 일반적으로 인정된 회계원칙이다.

ADIVICE ③ 공사는 사업분야별로 구분하여 회계처리할 수 있다〈지방공기업법 제64조의2 제2항〉.

①② 공사는 경영성과 및 재무 상태를 명확히 하기 위하여 회계거래를 발생 사실에 따라 기업회계기준에 따라 회계 처리한다〈지방공기업법 제64조의2 제1항〉.

④ 기업회계기준이란 기업이 회계처리 및 재무제표 작성시 준수해야 할 통일된 기준을 말한다. 따라서 일반적으로 인 정된 회계원칙이라 할 수 있다.

2 지방공기업법령상 공사가 계약을 체결하는 경우 공정한 경쟁 또는 계약의 적정한 이행을 해칠 것이 명백하다고 판단되는 자에 대하여 입찰참가 자격을 제한할 수 있는 기간?

① 6개월 이내   ② 1년 이내

③ 2년 이내   ④ 3년 이내

ADIVICE 공사는 계약을 체결하는 경우 공정한 경쟁 또는 계약의 적정한 이행을 해칠 것이 명백하다고 판단되는 자에 대하여는 2년 이내의 범위에서 입찰참가자격을 제한할 수 있다〈지방공기업법 제64조의2 제4항〉.

3 경쟁이나 입찰에 의하지 않고 상대편을 임의로 선택하여 체결하는 계약방식은?

① 공동계약
② 단독계약
③ 수의계약
④ 용역계약

ADIVICE 공사는 입찰참가자격을 제한받은 자와 수의계약을 체결하여서는 아니 된다〈지방공기업법 제64조의2 제5항〉.

4 지방공기업법령상 정부조달협정등에 따라 행정안전부장관이 정하여 고시하는 금액 이상인 조달계약을 체결하는 경우에는 국제입찰의 방법으로 해야 하는 경우는?.

① 농·수·축산물을 구매하는 경우
② 중소기업 제품을 제조 및 구매의 경우
③ 급식 프로그램의 증진을 위하여 조달하는 경우
④ 도시철도공사의 경우

ADIVICE 도시철도공사는 정부가 가입하거나 체결한 정부조달에 관한 협정 및 이에 근거한 국제규범(이하 "정부조달협정등"이라 한다)에 따라 행정안전부장관이 정하여 고시하는 금액 이상인 조달계약을 체결하는 경우에는 국제입찰의 방법으로 해야 한다〈지방공기업법 시행령 제57조의9 제1항〉.

☑ **ANSWER** 1.③ 2.③ 3.③ 4.④

5 지방공기업법령상 다음에서 국제입찰방법으로 조달계약을 체결해야 하는 공사는?

> ㉠ 서울교통공사   ㉡ 부산교통공사
> ㉢ 대구도시철도공사   ㉣ 한국철도공사
> ㉤ 대전광역시도시철도공사 ㉥ 광주광역시도시철도공사

① ㉠㉡㉣㉤㉥
② ㉠㉡㉢㉤㉥
③ ㉡㉢㉣㉤㉥
④ ㉠㉡㉢㉣㉤㉥

> **ADIVICE** 국제입찰의 방법으로 조달계약을 해야 하는 도시철도공사〈지방공기업법 시행령 제57조의9 제1항 별표 1〉
> ㉠ 서울교통공사
> ㉡ 부산교통공사
> ㉢ 대구도시철도공사
> ㉣ 인천교통공사(도시철도 분야로 한정)
> ㉤ 광주광역시도시철도공사
> ㉥ 대전광역시도시철도공사

6 지방공기업법령상 국제입찰의 이행에 따른 공표사항을 공고해야 하는 곳은?

① 관보
② 지방자차단체의 공보
③ 정부조달협정등에서 정한 출판물
④ 행전안전부장관이 지정한 홈페이지

> **ADIVICE** 국제입찰의 이행에 따른 공표사항은 정부조달협정등에서 정한 출판물에 공고하여야 한다〈지방공기업법 시행령 제57조 의9 제3항〉.

7 지방공기업법령상 다음에서 중장기재무관리계획에 포함되어야 할 사항을 모두 고르면?

> ㉠ 전년도 중장기재무관리계획 대비 변동사항, 변동요인 및 관리계획 등에 대한 평가 · 분석
> ㉡ 부채의 증감에 대한 전망과 관리계획 등이 포함된 부채관리계획
> ㉢ 재무전망과 그 근거 및 관리계획
> ㉣ 사업계획 및 투자방향

① ㉠㉡㉢
② ㉠㉢㉣
③ ㉡㉢㉣
④ ㉠㉡㉢㉣

> **ADIVICE** 중장기재무관리계획에 포함되어야 할 사항〈지방공기업법 제64조의3 제2항〉
> ㉠ 5회계연도 이상의 중장기 경영목표
> ㉡ 사업계획 및 투자방향
> ㉢ 재무전망과 그 근거 및 관리계획
> ㉣ 부채의 증감에 대한 전망과 그 근거 및 관리계획 등이 포함된 부채관리계획
> ㉤ 전년도 중장기재무관리계획 대비 변동사항, 변동요인 및 관리계획 등에 대한 평가 · 분석

8 지방공기업법령상 입찰에 의한 계약과정에서 이의신청을 제기할 경우 대통령령으로 정하는 규모로 옳지 않은 것은?

① 전문공사 : 추정가격 1억 원
② 물품의 제조 · 구매 및 용역 등의 계약 : 추정가격 5천만 원
③ 다른 법령에 따른 공사 : 추정가격 8천만 원
④ 종합공사 : 추정가격 5억 원

> **ADIVICE** 대통령령으로 정하는 규모〈지방공기업법 시행령 제57조의10 제1항〉
> ㉠ 종합공사 : 추정가격 10억 원
> ㉡ 전문공사 : 추정가격 1억 원
> ㉢ 그 밖의 다른 법령에 따른 공사 : 추정가격 8천만 원
> ㉣ 물품의 제조 · 구매 및 용역 등의 계약 : 추정가격 5천만 원

☑ **ANSWER** 5.② 6.③ 7.④ 8.④

9　지방공기업법령상 공사의 사장이 중장기재무관리계획을 의회에 제출해야 하는 기간은?

① 매년 3월 31일까지
② 매년 6월 30일까지
③ 매년 9월 30일까지
④ 매년 12월 31일까지

ADVICE 공사의 사장은 중장기재무관리계획을 매년 9월 30일까지 지방자치단체의 장과 의회에 제출하여야 한다〈지방공기업법 제8조 시행령 제57조의11〉.

10　지방공기업법령상 청렴계약서에 포함되어야 할 내용으로 옳지 않은 것은?

① 계약의 투명성과 공정성을 높이기 위하여 대통령령으로 정하는 사항
② 입찰의 자유경쟁을 방해하는 행위의 금지에 관한 사항
③ 입찰의 과정에서 직접적인 증여, 향응, 취업특혜 제공금지에 관한 사항
④ 입찰자격의 면허여부 및 등록 · 신고에 관한 사항

ADVICE 청렴서약서 제출 시 포함되어야 할 사항〈지방공기업법 제64조의4 제2항〉.
㉠ 입찰, 낙찰, 계약의 체결 및 이행 등의 과정(준공 · 납품 이후를 포함한다)에서 직접 또는 간접적인 사례, 증여, 금품 · 향응, 취업특혜 제공 금지에 관한 사항
㉡ 특정인의 낙찰을 위한 담합 등 입찰의 자유경쟁을 방해하는 행위나 불공정한 행위의 금지에 관한 사항
㉢ 그 밖에 계약의 투명성과 공정성을 높이기 위하여 대통령령으로 정하는 사항
※ **대통령령으로 정하는 사항** … 공정한 직무수행을 방해하는 알선 · 청탁을 통하여 입찰 또는 계약과 관련된 특정 정보의 제공을 요구하거나 제공받는 행위의 금지에 관한 사항〈지방공기업법 시행령 제57조의12 제1항〉

11 지방공기업법령상 청렴서약서의 내용을 위반하였음에도 낙찰자결정을 취소하거나 계약을 해제 또는 해지하지 않아도 되는 경우를 설명한 것이다. 옳지 않은 것은?

① 낙찰자결정 계약을 해제 또는 해지하면 공사에 손해가 발생한다고 지방자치단체의 의회가 결정한 경우
② 낙찰자결정을 해제 또는 해지하면 계약목적을 달성하기 곤란할 것으로 공사가 판단하는 경우
③ 재난복구 등을 위하여 계약의 긴급한 이행이 필요한 경우로서 새로운 계약을 체결하면 계약목적을 달성하기 곤란하다고 공사가 판단하는 경우
④ 다른 법률에서 낙찰자 결정의 취소 또는 계약의 해제·해지를 특별히 금지한 경우

ADIVICE 청렴서약을 위반하였음에도 계약의 해제·해지하지 않아도 되는 경우〈지방공기업법 제64조의5〉
　㉠ 다른 법률에서 낙찰자 결정의 취소 또는 계약의 해제·해지를 특별히 금지한 경우
　㉡ 낙찰자 결정을 취소하거나 계약을 해제 또는 해지하면 계약 목적을 달성하기 곤란하거나 공사에 손해가 발생하는 등 대통령령으로 정하는 경우
　※ **대통령령으로 정하는 경우**〈지방공기업법 시행령 제57조의12 제2항〉
　　㉠ 재난의 복구 등을 위하여 계약의 긴급한 이행이 필요한 경우로서 새로운 계약을 체결하면 계약 목적을 달성하기 곤란하다고 공사가 판단하는 경우
　　㉡ 그 밖에 계약의 이행 정도 등을 고려하여 낙찰자 결정을 취소하거나 계약을 해제 또는 해지하면 계약 목적을 달성하기 곤란하거나 공사에 상당한 손해가 발생할 것으로 공사가 판단하는 경우

12 지방공기업법령상 청렴서약에 대한 설명으로 옳지 않은 것은?

① 낙찰자결정이 취소되거나 계약목적달성이 곤란할 경우 낙찰자결정을 취소하지 않아도 된다.
② 입찰참가자가 청렴서약서의 내용을 1회만 위반하였어도 낙찰자결정을 취소할 수 있다.
③ 타 법률에서 낙찰자결정취소를 금지한 경우일지라도 청렴서약서의 내용을 크게 위반했을 때에는 낙찰자결정을 취소하여야 한다.
④ 수의계약 상대자일지라도 청렴서약서를 제출하여야 한다.

ADIVICE ③ 다른 법률에서 낙찰자 결정의 취소 또는 계약의 해제·해지를 특별히 금지한 경우에는 낙찰자 결정을 취소하거나 계약을 해제 또는 해지하지 않아도 된다〈지방공기업법 제64조의5 제1호〉.
　① 지방공기업법 제64조의5 제2호
　② 지방공기업법　제64조의5
　④ 지방공기업법 제64조의4 제1항

13 지방공기업법령상 다음 계약을 위한 입찰과정에서 불이익을 받은 자가 그 행위의 취소 또는 시정을 위해 제기할 수 있는 것에 대한 설명으로 옳지 않은 것은?

> • 국제입찰에 의한 계약
> • 종합공사의 추정가격이 10억 원 이상인 입찰공사
> • 물품의 제조·구매 및 용역 등에 관한 추정가격이 5천만 원 이상인 계약

① 절차는 「지방자치단체를 당사자로 하는 계약에 관한 법률」에서 정하는 바를 준용한다.
② 재심청구는 지방계약심의조정위원회에서 심사·조정할 수 있다.
③ 재심청구의 절차는 「지방자치단체를 당사자로 하는 계약에 관한 법률」을 준용한다.
④ 지방자치단체의 장 또는 공사의 사장에게 재심을 청구할 수 있다.

ADIVICE 위의 지문은 입찰과정에서 불이익을 받은 자가 이의신청을 제기할 수 있는 계약대상이다〈지방공기업법 제64조의6 제1항〉.
④ 이의신청 조치결과에 대하여 이의가 있는 자는 지방계약심의조정위원회에 조정을 위한 재심을 청구할 수 있다〈지방공기업법 제64조의6 제3항〉.
① 이의신청의 절차는 「지방자치단체를 당사자로 하는 계약에 관한 법률」 제34조제2항 및 제3항을 준용한다〈지방공기업법 제64조의6 제2항〉.
② 지방계약심의조정위원회는 이의신청에 대한 재심청구를 심사·조정할 수 있다〈지방공기업법 제64조의6 제4항〉.
③ 이의신청에 대한 재심청구의 절차는 「지방자치단체를 당사자로 하는 계약에 관한 법률」 제36조 및 제37조를 준용한다〈지방공기업법 제64조의6 제5항〉.

14 지방공기업법령상 다음에 해당하는 제기요건으로 볼 수 없는 것은?

> 국제입찰에 의한 계약 또는 대통령령으로 정하는 규모 이상의 입찰에 의한 계약과정에서 불이익을 받은 자는 그 행위의 취소 또는 시정을 위한 이의신청을 제기할 수 있다

① 입찰참가 자격과 관련된 사항   ② 낙찰금액과 관련된 사항
③ 낙찰자결정과 관련된 사항   ④ 국제입찰에 의한 계약의 범위와 관련된 사항

ADIVICE 이의신청을 제기할 수 있는 사항〈지방공기업법 제64조의6 제1항〉
㉠ 국제입찰에 의한 계약의 범위와 관련된 사항
㉡ 입찰참가자격과 관련된 사항
㉢ 입찰 공고와 관련된 사항
㉣ 낙찰자 결정과 관련된 사항
㉤ 그 밖에 대통령령으로 정하는 사항

15 지방공기업법령상 지방계약심의조정위원회의 심의·심사·조정 사항으로 옳지 않은 것은?

① 이의신청의 적정성여부에 대한 심의
② 재심청구에 대한 심사
③ 조정신청에 대한 분쟁조정
④ 과징금의 부과여부와 부과 금액의 적정성에 대한 심의

> **ADIVICE** 지방계약심의조정위원회의 심의·심사·조정 사항〈지방공기업법 제64조의6 제3항 → 지방계약법 제35조〉
> ㉠ 과징금의 부과여부와 부과금액의 적정성에 대한 심의
> ㉡ 재심청구에 대한 심사
> ㉢ 조정신청에 대한 분쟁조정

16 지방공기업법령상 이의신청으로 인하여 지방계약심의조정위원회의 심사·조정이 착수된 경우의 조치로 옳지 않은 것은?

① 청구인에게 심사·조정사실을 통지하여야 한다.
② 계약절차를 중지시킬 경우 해당 지방자치단체의 장의 의견을 고려할 수 있다.
③ 해당 공사의 사장에게 심사·조정사실을 통지하여야 한다.
④ 입찰절차를 연기하거나 계약체결 및 이행을 중지할 것을 명할 수 있다

> **ADIVICE** 계약절차 등의 중지〈지방공기업법 64조의6 제5항 → 지방계약법 제36조〉
> ㉠ 위원회는 심사·조정에 착수하는 경우 청구인 및 해당 지방자치단체의 장에게 그 사실을 통지하여야 한다.
> ㉡ 위원회는 당사자의 신청 또는 위원회의 직권에 의하여 필요하다고 인정되면 조정이 끝날 때까지 그 입찰절차를 연기하거나 계약체결 및 이행을 중지할 것을 명할 수 있다. 이 경우 해당 지방자치단체의 장의 의견을 고려하여야 한다.

17 지방공기업법령상 지방계약심의조정위원회가 재심청구·조정신청을 받은 날부터 심사·조정해야 하는 기간은?

① 20일 이내
② 30일 이내
③ 50일 이내
④ 60일 이내

> **ADIVICE** 지방계약심의조정위원회는 특별한 사유가 없으면 재심청구·조정신청을 받은 날부터 50일 이내에 심사·조정하여야 한다〈지방공기업법 64조의6 제5항 → 지방계약법 제37조 제1항〉.

☑ **ANSWER** 13.④ 14.② 15.① 16.③ 17.③

18 지방공기업법령상 예산에 대한 설명으로 옳지 않은 것은?

① 매 사업연도의 사업계획 및 예산은 공사의 사장이 편성한다.

② 편성된 사업계획 및 예산은 각 이사에게 송부하여야 한다.

③ 예산안이 부결되어 예산이 불성립 시에도 예산을 집행할 수 있다.

④ 예산이 성립되었거나 변경되었을 때에는 지체 없이 의회에 보고하여야 한다.

> **ADIVICE** ④ 공사의 사장은 예산이 성립되거나 변경되었을 때에는 지체 없이 지방자치단체의 장에게 보고하여야 한다〈지방공기업법 제65조 제3항〉.
> ① 지방공기업법 65조 제1항
> ② 지방공기업법 시행령 제58조 제2항
> ③ 지방공기업법 제65조의2

19 지방공기업법령상 예산의 기재사항이 아닌 것은?

① 중요자산의 취득 및 처분

② 일반회계 또는 다른 특별회계로부터의 보조금

③ 회전기금의 수입 및 지출예정액

④ 사업계획 및 투자방향

> **ADIVICE** 예산에 기재해야 할 사항〈지방공기업법 시행령 제58조 제1항 → 지방공기업법 시행령 제19조〉
> ㉠ 업무의 예정량
> ㉡ 예정수입 및 예정지출의 금액
> ㉢ 계속비
> ㉣ 채무부담행위
> ㉤ 지방채
> ㉥ 일시차입금의 한도액
> ㉦ 예산전용금지과목
> ㉧ 일반회계 또는 다른 특별회계로부터의 보조금
> ㉨ 이익잉여금의 예정처분
> ㉩ 중요자산의 취득 및 처분
> ㉪ 회전기금의 수입 및 지출예정액
> ㉫ 기타 필요한 사항

20 지방공기업법령상 사업계획 및 예산의 송부기한을 설명한 것으로 (   ) 안에 알맞은 것은?

> • 공사의 사장은 사업계획 및 예산을 이사회개최 (   )전까지 각 이사에게 송부하여야 한다.
> • 예산을 변경하는 경우에는 이사회개최 (   )전까지 송부하여야 한다.

① 15일, 3일
② 20일, 5일
③ 25일, 14일
④ 30일, 7일

> **ADIVICE** 사업계획 및 예산의 송부기한〈지방공기업법 시행령 제58조 제2항〉
> ㉠ 공사의 사장은 사업계획 및 예산을 이사회개최 30일전까지 각 이사에게 송부하여야 한다.
> ㉡ 예산을 변경하는 경우에는 이사회개최 7일전까지 송부하여야 한다.

21 지방공기업법령상 예산보고에 대한 설명으로 옳지 않은 것은?

① 예산에 관한 공통지침에 위반된다고 인정되는 경우에는 시정명령을 받는다.
② 예산의 송부는 공사의 사장이 각 이사에게 한다.
③ 법령에 위반되는 경우 지방자치단체의 장이 시정을 명할 수 있다.
④ 시정명령을 받은 경우 예산을 수정하여 지방자치단체장의 승인을 받아야 한다.

> **ADIVICE** ④ 시정명령을 받은 공사의 사장은 특별한 사유가 없는 한 지체없이 시정명령에 따라 예산을 수정하여 이사회의 의결을 받아야 한다〈지방공기업법 시행령 제58조 제4항〉.
> ①③ 지방공기업법 시행령 제58조 제3항
> ② 지방공기업법 시행령 제58조 제2항

22 지방공기업법령상 신규 투자사업 타당성 검토에 대한 설명으로 틀린 것은?

① 사업의 필요성과 사업계획의 타당성 등을 검토하는 데 목적이 있다.
② 공사의 정관으로 정하는 방법 및 절차에 따라야 한다.
③ 대통령령으로 정하는 규모 이상의 신규 투자사업이 대상이다.
④ 지방자치단체의 장에게 보고하고 의회의 의결을 받아야 한다.

> **ADIVICE** 공사의 사장은 대통령령으로 정하는 규모 이상의 신규 투자사업을 하려면 대통령령으로 정하는 방법 및 절차에 따라 사업의 필요성과 사업계획의 타당성 등을 검토하여 지방자치단체의 장에게 보고하고 의회의 의결을 받아야 한다〈지방공기업법 제65조의3 제1항〉.

☑ **ANSWER** 18.④ 19.④ 20.④ 21.④ 22.②

23 지방공기업법령상 시·도가 설립한 공사의 사업 중 타당성 검토대상은?

① 총사업비 100억 원 이상의 신규 투자사업
② 총사업비 200억 원 이상의 신규 투자사업
③ 총사업비 300억 원 이상의 신규 투자사업
④ 총사업비 500억 원 이상의 신규 투자사업

ADIVICE 대통령령으로 정하는 규모 이상의 신규 투자사업으로 신규 투자사업 타당성 검토대상이다〈지방공기업법 시행령 제58조의2 제1항 제1호〉

24 지방공기업법령상 신규 투자사업 타당성 검토에 포함해야 할 사항으로 옳지 않은 것은?

① 신규 투자사업이 지역경제에 미치는 영향
② 재원 조달방법 및 이익잉여금 발생규모
③ 신규 투자사업의 적정성 여부
④ 신규 투자사업별 수지분석

ADIVICE 신규 투자사업 타당성 검토에 포함해야 할 사항〈시행령 제58조의2 제2항〉
ㄱ 신규 투자사업의 적정성 여부
ㄴ 신규 투자사업별 수지분석
ㄷ 재원 조달방법
ㄹ 신규 투자사업이 지역경제에 미치는 영향

25 지방공기업법령상 신규 투자사업 타당성 검토를 받아야 하는 사업은?

① 「지방재정법」에 따른 지방자치단체의 장이 실시한 투자심사를 마친 사업
② 「공공기관의 운영에 관한 법률」에 따른 예비타당성조사를 거친 사업
③ 「지방공기업법」에 따른 신규 투자사업의 적정성 여부를 검토한 사업
④ 「국가재정법」에 따른 예비타당성조사를 마친 사업

ADIVICE 조사·심사 등을 거침으로써 신규 투자사업 타당성 검토가 제외되는 사업〈지방공기업법 제65조의3 제2항 제1호〉.
ㄱ 「국가재정법」 제38조 제1항에 따른 예비타당성조사
ㄴ 「지방재정법」 제37조에 따른 투자심사(해당 공사를 설립한 지방자치단체의 장이 실시한 투자심사에 한정한다)
ㄷ 「공공기관의 운영에 관한 법률」 제40조 제3항에 따른 예비타당성조사

26 지방공기업법령상 행정안전부장관이 신규 투자사업 타당성 검토 제외 대상 확인에 필요한 사항을 정할 경우 의견을 들어야 하는 대상은?

① 공사의 사장
② 대통령령으로 정하는 요건을 갖춘 전문기관
③ 정책위원회
④ 지방자치단체의 장

> **ADIVICE** 행정안전부장관은 신규 투자사업 타당성 검토 제외 대상 확인에 필요한 사항을 정하는 경우에는 지방자치단체의 장의 의견을 들어야 한다〈지방공기업법 시행령 제58조의2 제6항〉.

27 지방공기업법령상 공사의 채무보증 등을 제한하는 계약으로 옳지 않은 것은?

① 공사의 채무현황 및 상환계획이 포함된 계약
② 주택건설 및 토지개발 등의 사업에서 미분양 발생 시 미분양자산에 대한 매입확약이 포함된 계약
③ 공사의 자산매각 시 환매를 조건으로 하는 계약
④ 채무에 대한 상환보증이 포함된 계약

> **ADIVICE** 채무보증 계약 등의 제한〈지방공기업법 제65조의5〉
> ㉠ 채무에 대한 상환 보증이 포함된 계약
> ㉡ 공사의 자산 매각 시 환매(還買)를 조건으로 하는 계약
> ㉢ 주택건설 및 토지개발 등의 사업에서 미분양 발생 시 미분양 자산에 대한 매입확약이 포함된 계약

28 지방공기업법령상 사업의 실명관리 및 공개해야 할 사항으로 옳지 않은 것은?

① 사업기간
② 주요 사업내용
③ 담당자의 인적사항
④ 행정안전부장관이 정하는 사항

> **ADIVICE** 신규 투자사업에 대하여 기록 · 관리해야 할 사항〈지방공기업법 시행령 제58조의3 제1항〉
> ㉠ 사업명
> ㉡ 사업기간
> ㉢ 주요 사업내용
> ㉣ 담당자의 소속, 직급 및 성명
> ㉤ 그 밖에 행정안전부장관이 정하는 사항

---

29 지방공기업법령상 공사가 결산서를 보고할 때 첨부해야 하는 서류는?

① 공인회계사의 회계결산보고서

② 타당성 검토 확인요구서

③ 이익준비금 및 감채적립금 현황보고서

④ 대통령령으로 정하는 서류

> **ADVICE** 공사는 결산완료 후 결산서를 작성하여 대통령령으로 정하는 서류 및 지방자치단체의 장이 지정하는 공인회계사의 회계 감사보고서를 첨부하여 지체 없이 지방자치단체의 장에게 보고하여 승인을 받아야 한다〈지방공기업법 제66조 제2항〉.

30 지방공기업법령상 공사가 결산결과 이익이 발행한 경우 그 이익금의 처리순서는?

① 감채적립금적립 → 이익배당 → 결손금보전 → 이익준비금적립

② 이익준비금적립 → 감채적립금적립 → 이익배당 → 결손금보전

③ 이익배당 → 결손금보전 → 이익준비금적립 → 감채적립금적립

④ 결손금보전 → 이익적립금적립 → 감채준비금적립 → 이익배당

> **ADVICE** 손익금의 처리 순서〈지방공기업법 제67조 제1항〉
> 1. 전 사업연도로부터 이월된 결손금이 있으면 결손금을 보전
> 2. 대통령령으로 정하는 바에 따라 이익준비금으로 적립
> 3. 대통령령으로 정하는 바에 따라 감채적립금으로 적립
> 4. 이익을 배당하거나 정관으로 정하는 바에 따라 적립
> ※ **감채적립금** … 기업이 미래의 채무상환을 대비하여 미리 적립해 두는 자금을 말한다.

31 지방공기업법령상 이익금처리에 대한 설명으로 옳지 않은 것은?

① 이월결손금을 보전하고 남은 이익금의 10분의 1 이상을 자본금의 2분의 1에 달할 때까지 이익준비금으로 적립하여야 한다.

② 이익준비금으로 적립하고 남은 이익금의 10분의 5 이상을 감채적립금으로 적립하여야 한다.

③ 감채적립금은 매 회계연도의 말일을 기준으로 공사채 미상환 잔액이 없는 경우에도 적립하여야 한다.

④ 자본금의 2분의 1에 달할 때까지 이익준비금을 적립한 후에도 이익금이 남을 경우 남은 이익금의 일부를 감채적립금으로 적립할 수 있다.

> **ADVICE** 공사는 이월결손금을 보전하고 남은 이익금의 10분의 1 이상을 자본금의 2분의 1에 달할 때까지 이익준비금으로 적립하여야 하고, 이익준비금으로 적립하고 남은 이익금의 10분의 5 이상을 감채적립금으로 적립하여야 한다. 다만, 매 회계연도의 말일을 기준으로 공사채 미상환 잔액이 없는 경우에는 감채적립금을 적립하지 아니할 수 있다〈지방공기업법 시행령 제61조 제1항〉.

32 지방공기업법령상 공사의 사채발행한도를 정하는 기준은?

① 대통령령 　　　　　　　　　② 행정안전부장관령
③ 지방자치단체의 조례 　　　　④ 공사의 정관

ADIVICE 공사가 사채를 발행할 때 발행한도는 대통령령으로 정한다〈지방공기업법 제68조 제1항〉.

33 지방공기업법령상 사채발행 신청서의 기재사항이 아닌 것은?

① 모집 및 인수방법 　　　　　　② 사채의 발행목적
③ 이율 　　　　　　　　　　　　④ 사채발행 당시의 부채비율

ADIVICE 사채를 발행할 때 신청서에 기재해야 할 사항〈지방공기업법 시행령 제62조 제1항〉
　　㉠ 사채의 발행목적
　　㉡ 사채의 발행시기
　　㉢ 발행총액(사채의 권면액을 수종으로 하여 발행하는 경우에는 각 권종별 발행총액)
　　㉣ 이율
　　㉤ 원금의 상환방법 및 기한
　　㉥ 이자의 지급방법 및 기한
　　㉦ 모집 및 인수방법

34 지방공기업법령상 공사가 사채를 발행하고자 하는 때 수립·시행하여야 하는 것은?

① 경영개선계획 　　　　　　　　② 운전자금 충당계획
③ 중장기경영관리계획 　　　　　④ 경영의 기본원칙

ADIVICE 경상적인 운전자금에 충당을 목적으로 사채를 발행하고자 하는 때에는 경영개선계획을 수립·시행하여야 한다〈지방공기업법 시행령 제62조 제3항〉.

☑ **ANSWER** 29.④ 30.④ 31.③ 32.① 33.④ 34.①

35 지방공기업법령상 발행된 공사의 사채에 기재되어야 할 사항으로 옳지 않은 것은?

① 발행총액
② 이자의 지급방법 및 기한
③ 지방자치단체장의 기명날인
④ 발행총액

> **ADIVICE** 사채에 기재되어야 할 사항〈지방공기업법 시행령 제62조 제5항〉
> ㉠ 사채의 번호
> ㉡ 법인의 명칭
> ㉢ 발행총액(사채의 권면액을 수종으로 하여 발행하는 경우에는 각 권종별 발행총액)
> ㉣ 이율
> ㉤ 원금의 상환방법 및 기한
> ㉥ 이자의 지급방법 및 기한
> ※ 사채발행 시 공사의 사장이 기명날인 또는 서명하여야 한다.

36 지방공기업법령상 「자본시장과 금융투자업에 관한 법률」을 적용할 때 다음의 채권은?

> 도시철도의 건설 및 운영 또는 주택건설사업 등을 목적으로 설립된 공사가 발행하는 채권

① 지방채증권
② 특수채증권
③ 채무증권
④ 지분증권

> **ADIVICE** 도시철도의 건설 및 운영 또는 주택건설사업 등을 목적으로 설립된 공사가 발행하는 채권에 대하여 「자본시장과 금융투자업에 관한 법률」을 적용할 때에는 특수채증권으로 본다〈지방공기업법 제68조 제7항〉.
> ※ **특수채증권** … 법률에 의하여 직접 설립된 법인이 특정목적을 위해 발행되는 채권으로, 일반적으로 정부나 정부산하 공공기관, 공기업 등이 자금을 조달하기 위해 발행하는 채권이다.

37 지방공기업법령상 공사의 대행사업에 대한 설명으로 틀린 것은?

① 공사는 국가 또는 지방자치단체의 사업을 대행할 수 있다.

② 비용부담에 필요한 사항은 대통령령으로 정하는 사항을 포함하여 조례로 정한다.

③ 국가 또는 지방자치단체의 사업을 대행할 때에는 위탁계약으로 한다.

④ 공사가 대행하는 사업은 제3자에게 시행하게 할 수 있다.

> **ADVICE** ② 비용의 부담에 필요한 사항은 대통령령으로 정하는 사항을 제외하고는 조례로 정한다〈지방공기업법 제71조 제2항〉.
> ① 지방공기업법 제71조 제1항
> ③ 지방공기업법 시행령 제63조 제1항
> ④ 지방공기업법 시행령 제63조 제5항

38 지방공기업법령상 지방자치단체가 사업운영을 위하여 필요하다고 인정하는 경우 공사에 재정지원을 할 수 있는 방법은

① 보조금교부　　　　　　　　　　② 사채발행

③ 채무에 대한 상환보증　　　　　　④ 공사의 자산매각 승인

> **ADVICE** 지방자치단체는 사업의 운영을 위하여 필요하다고 인정하는 경우에는 공사에 보조금을 교부하거나 장기대부를 할 수 있다〈지방공기업법 제71조의2〉.

39 지방공기업법령상 공사가 소관물품을 적정하게 관리하기 위한 조치로 옳지 않은 것은?

① 사용물품에 대한 적절한 재고확보

② 공사에서 사용하는 물품의 표준화

③ 사용 및 처분목적에 따라 분류

④ 물품수급계획을 포함한 물품관리계획의 수립

> **ADVICE** 공사가 소관물품을 적정하게 관리하기 위하여 취해야 할 조치〈지방공기업법 제71조의4〉
> ㉠ 해당 공사에서 사용하는 물품을 표준화한다.
> ㉡ 사용 및 처분의 목적에 따라 분류한다.
> ㉢ 물품수급계획을 포함한 물품관리계획을 수립해야 한다.

☑ **ANSWER** 35.③ 36.② 37.② 38.① 39.①

40 지방공기업법령상 대금의 전부 또는 일부를 미리 받을 수 있는 대상으로 옳지 않은 것은?

① 해당 기업의 용역을 제공받으려는 자

② 해당 기업이 조성하는 재산을 분양받으려는 자

③ 해당 기업의 시설을 이용하려는 자

④ 해당 기업의 물품을 취득하려는 자

> **ADIVICE** 선수금 납부하여야 할 대상〈지방공기업법 제72조 → 지방공기업법 제20조의2〉
> ㉠ 해당 기업이 조성하는 재산을 분양받으려는 자
> ㉡ 해당 기업의 시설을 이용하려는 자
> ㉢ 해당 기업의 용역을 제공받으려는 자
> ※ 선수금을 받을 경우에는 그 납부방법과 그 시기 등을 정하여 미리 당해 지방자치단체의 장의 승인을 얻어야 한다〈지방공기업법 제16조〉.

41 지방공기업법령상 지방공사의 경영공시내용으로 옳지 않은 것은?

① 개선요구 등을 받은 경우에는 그 내용

② 연도별 예산 및 운영계획

③ 경영에 관한 중요사항으로서 의회에서 요청하는 사항

④ 시정요구를 받은 경우에는 그 내용

> **ADIVICE** 공시해야 할 경영에 관한 주요사항〈지방공기업법 시행령 제64조 → 시행령 제44조 제1항 준용〉
> ㉠ 연도별 예산 및 운영계획
> ㉡ 시정 또는 개선요구 등을 받거나 시정요구를 받은 경우에는 그 내용
> ㉢ 기타 경영에 관한 중요사항으로서 행정안전부장관 또는 지방자치단체의 장이 요청하는 사항

42 지방공기업법령상 지방공사의 경영공시 및 통합공시에 대한 설명으로 옳지 않은 것은?

① 공사의 사장은 결산서 및 재무제표는 결산승인 후 7일 이내에 공시하여야 한다.

② 결산서 및 재무제표는 주된 사무소에 2년간 비치하여야 한다.

③ 행정안전부장관은 통합공시기준을 정하여 공사의 사장에게 통보하여야 한다.

④ 통합공시 사항은 최근 5년간 자료를 공시하여야 한다.

> **ADIVICE** ①② 공사의 사장은 결산서 및 재무제표는 결산승인 후 5일 이내에, 기타 서류는 공시사항이 발생할 때마다 해당 기관의 인터넷 홈페이지에 공시하고 주된 사무소에 2년간 비치하여야 한다〈지방공기업법 시행령 제64조 → 지방공기업법 시행령 제44조 제2항〉.
> ③ 지방공기업법 시행령 제64조 → 지방공기업법 시행령 제44조의2 제2항
> ④ 통합공시 사항은 최근 5년간 자료를 공시하여야 하며, 통합공시 사항의 내용이 변경된 경우에는 변경일 부터 14일 이내에 변경된 사항을 공시하여야 한다〈지방공기업법 시행령 제64조 → 지방공기업법 시행령 제44조의2 제1항 제2호, 제3호〉.

43 지방공기업법에서 규정한 사항을 제외하고 공사에 관하여 준용하는 법률은?

① 민법

② 상법

③ 공공기관의 운영에 관한 법률

④ 지방재정법

> **ADIVICE** 공사에 관하여는 지방공기업법에서 규정한 사항을 제외하고는 그 성질에 반하지 아니하는 범위에서 「상법」 중 주식회사에 관한 규정을 준용한다. 다만, 「상법」 제292조는 준용하지 아니한다〈지방공기업법 제75조〉.

44 지방공기업법령상 공사의 사장이 지역주민에게 공시해야 할 내용으로 옳지 않은 것은?

① 결산서   ② 연도별 경영목표

③ 사업예산 및 자본예산의 사항별 설명서   ④ 재무제표

> **ADIVICE** ② 공사의 사장은 결산서, 재무제표, 연도별 경영목표, 경영실적 평가 결과, 그 밖에 경영에 관한 중요 사항을 대통령령으로 정하는 바에 따라 지역주민에게 공시하여야 한다〈지방공기업법 제75조의2 → 지방공기업법 제46조 제2항〉.

☑ **ANSWER** 40.④ 41.③ 42.① 43.② 44.③

CHAPTER

05 지방공사의 보칙 및 벌칙

1 지방공기업법령상 지방공기업에 대한 경영평가의 실시기준을 정하는 것은?

① 대통령령
② 행정안전부령
③ 조례
④ 정관

> **ADIVICE** 지방공기업의 경영 기본원칙을 고려하여 대통령령으로 정하는 바에 따라 지방공기업에 대한 경영평가를 하고, 그 결과에 따라 필요한 조치를 하여야 한다〈지방공기업법 제78조 제1항〉.

2 지방공기업법령상 경영평가 시 포함되어야 할 사항으로 옳지 않은 것은?

① 업무의 능률성
② 공익성
③ 고객서비스
④ 발전성

> **ADIVICE** 지방공기업의 경영평가 시 포함되어야 할 사항〈지방공기업법 제78조 제2항〉
> ㉠ 경영목표의 달성도
> ㉡ 업무의 능률성
> ㉢ 공익성
> ㉣ 고객서비스 등

3 지방공기업법령상 다음은 지방공기업에 대한 경영평가에 대한 설명이다. 옳지 않은 것은?

① 지방직영기업의 경영평가에 관하여는 행정안전부장관이 따로 정할 수 있다.

② 경영평가를 위하여 지방공기업에 고객 및 임직원의 인적사항의 제출을 요청할 수 있다.

③ 지방공기업에 대한 경영평가는 공인회계사의 회계감사가 종료된 때부터 실시한다.

④ 경영평가에 관한 세부적인 기준은 행정안전부장관이 정한다.

> **ADIVICE** ② 행정안전부장관은 경영평가를 위하여 필요한 경우 지방공기업에 고객명부 등 관련 자료의 제출을 요청할 수 있다. 이 경우 요청을 받은 지방공기업은 정당한 사유가 없는 한 이에 따라야 한다〈지방공기업법 제78조 제3항〉.
> ① 지방공기업법 시행령 제68조 제1항
> ③ 지방공기업법 시행령 제68조 제3항
> ④ 지방공기업법 시행령 제68조 제4항

4 지방공기업법령상 지방공기업의 효율적인 경영을 위하여 필요한 지도 · 조언 · 권고를 할 수 없는 기관은?

① 행정안전부장관

② 서울특별시장

③ 경기도지사

④ 부산광역시장

> **ADIVICE** 행정안전부장관 또는 시 · 도지사(특별자치시장 및 특별자치도지사는 제외한다)는 지방공기업(시 · 도지사의 경우에는 시 · 군 · 자치구의 지방공기업으로 한정한다)의 효율적인 경영을 위하여 필요한 지도, 조언 또는 권고를 할 수 있다〈지방공기업법 제78조 제5항〉.

☑**ANSWER** 1.① 2.④ 3.② 4.②

5 지방공기업법령상 행정안전부장관이 지방공기업의 경영평가결과를 조정할 수 있는 경우로 옳지 않은 것은?

① 지방공기업이 불공정한 인사운영, 비리 등으로 윤리경영을 저해한 경우
② 지방공기업이 경영평가 결과에 대해 이의를 제기한 경우
③ 부당한 직무수행으로 인해 생활환경 등의 피해를 초래하여 사회적 물의를 일으킨 경우
④ 지방공기업이 경영평가에 필요한 자료를 제출하지 않거나 거짓으로 작성·제출한 경우

ADIVICE ② 지방공기업이 경영평가 결과에 대해 이의를 제기한 경우는 경영평가 결과를 조정할 수 있는 사유가 아니다.
① 지방공기업법 제78조 제6항 제2호
③ 지방공기업법 시행령 68조의2 제2호
④ 지방공기업법 제78조 제6항 제1호
※ 불공정한 인사운영, 비리 등으로 윤리경영을 저해한 경우로서 대통령령으로 정하는 경우〈지방공기업법 시행령 제68조의2〉
  ㉠ 지방공기업의 업무와 관련되는 법률을 위반하여 채용비위, 조세포탈, 회계부정 또는 불공정거래행위 등과 관련된 중대한 위법행위를 한 경우
  ㉡ 부당한 직무수행으로 인해 다음의 사회적 물의를 일으킨 경우
    • 국민의 생명, 재산 또는 안전상의 위해 초래
    • 자연환경, 생활환경 또는 기업환경 등에 대한 훼손, 교란 또는 피해 초래

6 지방공기업법령상 지방자치단체의 장이 경영평가가 끝난 후 행정안전부장관에게 서류제출을 해야 하는 기간은?

① 1개월 이내
② 3개월 이내
③ 5개월 이내
④ 6개월 이내

ADIVICE ① 지방자치단체의 장은 경영평가를 하였을 때에는 그 평가가 끝난 후 1개월 이내에 경영평가서류를 행정안전부장관에게 제출하여야 한다〈지방공기업법 제78조의2 제1항〉.

7 지방공기업법령상 다음 중 행정안전부장관이 경영진단을 실시할 수 있는 지방공기업은?

① 특별한 사유 없이 전년도에 비하여 영업수입이 현저하게 증가한 지방공기업
② 법인의 청산 또는 민영화 등 경영구조 개편이 필요하다고 인정되는 지방공기업
③ 3개 사업연도 이상 계속하여 당기 순이익이 발생한 지방공기업
④ 경영여건상 사업규모의 확장이 필요하다고 인정되는 지방공기업

> **ADVICE** 경영진단 실시대상 지방공기업〈지방공기업법 제78조의2 제2항〉
> ㉠ 3개 사업연도 이상 계속하여 당기 순손실이 발생한 지방공기업
> ㉡ 특별한 사유 없이 전년도에 비하여 영업수입이 현저하게 감소한 지방공기업
> ㉢ 경영여건상 사업규모의 축소, 법인의 청산 또는 민영화 등 경영구조 개편이 필요하다고 인정되는 지방공기업
> ㉣ 그 밖에 대통령령으로 정하는 지방공기업

8 지방공기업법령상 경영평가 종료 후 지방자치단체의 장이 제출할 서류가 아닌 것은?

① 사업계획서 및 사업실적보고서
② 회계감사보고서
③ 징계 · 시정 · 개선요구 등을 받은 경우에는 그 내용
④ 지방자치단체의 감사결과 및 사업운영계획

> **ADVICE** ②③④는 경영평가 후 제출해야 할 서류 중 대통령령으로 정하는 서류이다. 사업운영계획은 포함되지만 ①의 사업계획서는 제출서류에 포함되지 않는다.
> ※ 대통령령으로 정하는 서류〈시행령 제69조〉
> ㉠ 결산서 및 회계감사보고서
> ㉡ 사업운영계획 및 사업실적보고서
> ㉢ 감사의 감사보고서와 징계 · 시정 · 개선요구 등을 받은 경우에는 그 내용
> ㉣ 지방자치단체의 감사결과와 시정요구를 받은 경우에는 그 내용
> ㉤ 기타 경영에 관한 중요사항으로서 행정안전부장관이 요구하는 사항

☑ **ANSWER** 5.② 6.① 7.② 8.①

9 지방공기업법령상 경영진단실시가 필요 없는 지방공기업은?

① 경영목표설정이 비합리적인 지방공기업

② 3개 사업연도 이상 계속하여 당기 순손실이 발생한 지방공기업

③ 경영여건상 사업규모를 확대한 지방공기업

④ 재무구조가 불건전한 지방공기업

ADIVICE ③ 경영여건상 사업규모를 축소한 지방공기업은 경영진단 대상기업이다〈지방공기업법 제78조의2 제2항 제3호〉.
  ① 지방공기업법 시행령 제70조 제1항 제1호
  ② 지방공기업법 제70조 제78조의2 제2항 제1호
  ④ 지방공기업법 시행령 제70조 제1항 제3호

10 지방공기업법령상 다음 중 경영진단 실시대상 지방공기업으로 옳지 않은 곳은?

① 행정안전부장관이 경영진단이 필요하다고 인정하는 지방공기업

② 재무구조가 불건전한 지방공기업

③ 경영목표설정이 비합리적인 지방공기업

④ 조직관리가 비효율적이고 임직원의 수가 과한 지방공기업

ADIVICE ④의 임직원의 수가 과한 지방공기업은 경영진단 실시대상이 아니다.
  ※ 대통령령으로 정하는 경영진단 실시대상 지방공기업〈지방공기업법 시행령 제70조〉
    ㉠ 경영목표설정이 비합리적인 지방공기업
    ㉡ 인력 및 조직관리가 비효율적인 지방공기업
    ㉢ 재무구조가 불건전한 지방공기업
    ㉣ 기타 행정안전부장관이 경영진단이 필요하다고 인정하는 지방공기업

11 지방공기업법령상 경영진단반의 구성원이 될 수 없는 사람은?

① 지방공기업에 관한 업무를 담당하는 공무원
② 공기업경영에 관한 전문지식이 있는 대학의 조교수 이상의 직위에 있는 자
③ 5년 이상의 실무경험이 있는 변호사 또는 공인회계사
④ 직위가 대학의 조교수 이상으로 공기업 관련분야에 관한 전문지식이 있는 자

>**ADIVICE** 경영진단반 구성·운영을 위하여 위촉 또는 임명할 수 있는 자〈지방공기업법 시행령 제71조 제1항〉.
> ㉠ 지방공기업에 관한 업무를 담당하는 공무원
> ㉡ 대학교 조교수 이상의 직위에 있는 자로서 공기업의 경영 및 기타 관련분야에 관한 전문지식이 있는 자
> ㉢ 5년 이상의 실무경험이 있는 공인회계사
> ㉣ 기타 공기업의 경영 및 관련분야에 관한 전문지식과 경험이 풍부한 자

12 지방공기업법령상 경영진단에 따른 경영개선명령을 할 수 있는 사항으로 옳지 않은 것은?

① 유사업종 민간기업과의 통합 및 신입직원의 채용제한
② 법인의 청산 및 민영화
③ 당해 지방공기업의 임직원에 대한 감봉조치
④ 사업규모의 축소·조직개편 및 인력조정

>**ADIVICE** 경영진단에 따른 경영개선명령을 할 수 있는 사항〈지방공기업법 시행령 제75조〉
> ㉠ 당해 지방공기업의 임직원에 대한 감봉·해임 등의 인사조치
> ㉡ 사업규모의 축소·조직개편 및 인력조정
> ㉢ 법인의 청산 및 민영화
> ㉣ 기타 경영개선을 위하여 필요한 사항

13 지방공기업법령상 행정안전부장관이 공사 또는 공단의 해산을 요구할 때 거쳐야 하는 심의 기구는?

① 정책위원회   ② 심의위원회
③ 추천위원회   ④ 조정위원회

>**ADIVICE** 행정안전부장관은 지방공기업정책위원회(이하 "정책위원회"라 한다)의 심의를 거쳐 지방자치단체의 장이나 공사의 사장 또는 공단의 이사장에게 공사 또는 공단의 해산을 요구할 수 있다〈지방공기업법 제78조의3 제1항〉.

☑**ANSWER** 9.③ 10.④ 11.③ 12.① 13.①

14 지방공기업법령상 지방공기업평가원은 어떻게 설립되는가?

① 지방자치단체의 조례에 의해서 설립
② 지방공기업의 신청에 의한 행정안전부장관의 승인으로 설립
③ 주된 사무소의 소재지에서 설립등기를 함으로써 설립
④ 법인으로서 지방공기업의 정관에 의해서 설립

ADIVICE 평가원은 법인으로 하며, 그 주된 사무소의 소재지에서 설립등기를 함으로써 성립한다〈지방공기업법 제78조의4 제2항〉.

15 지방공기업법령상 다음에서 괄호 안의 수를 모두 합하면 몇 인가?

> • 평가원에 이사회와 감사 (   )명을 둔다.
> • 이사회는 이사장 1명을 포함하여 (   )명 이내의 이사로 구성한다.

① 13   ② 15
③ 16   ④ 17

ADIVICE 평가원의 감사, 이사장, 이사의 인원 수
　㉠ 평가원에 이사회와 감사 1명을 둔다〈지방공기업법 제78조의4 제4항〉.
　㉡ 이사회는 이사장 1명을 포함하여 12명 이내의 이사로 구성한다〈지방공기업법 제78조의4 제5항〉.
　※ 감사 1명＋이사회 12명＝13명이다.

16 지방공기업법령상 지방공기업평가원에 대해 행정안전부장관이 취할 수 있는 조치로 옳지 않은 것은?

① 평가원의 업무에 관한 사항을 보고하게 함　② 평가원의 자료 제출을 명령함
③ 평가원의 이사장을 임명함　④ 평가원의 업무를 지도 · 감독함

ADIVICE ③ 평가원의 이사장은 이사회의 추천으로 행정안전부장관의 승인을 받아 이사회가 선임한다〈지방공기업법 제78조의4 제6항〉.
　※ 행정안전부장관은 평가원을 지도 · 감독하며, 필요한 경우에는 평가원에 대하여 그 업무에 관한 사항을 보고하게 하거나 자료 제출 등의 명령을 할 수 있다〈지방공기업법 제78조의4 제9항〉.

17 지방공기업법령상 지방공기업평가원의 이사장의 임기는?

① 1년   ② 2년
③ 3년   ④ 4년

ADIVICE 이사장의 임기는 3년이다〈지방공기업법 제78조의4 제7항〉.

18 지방공기업법령상 지방공기업평가원의 운영에 관한 설명으로 옳지 않은 것은?

① 평가원에 대한 출연의 지급, 사용 및 관리 등에 필요한 사항은 조례로 정한다.
② 평가원에 관하여는 지방공기업법에서 규정한 사항을 제외하고는 「민법」 중 재단법인에 관한 규정을 준용한다.
③ 평가원은 출연금을 평가원 고유사업 및 운영경비로 사용하여야 한다.
④ 평가원의 설립 · 운영에 관한 사항은 정관으로 정한다.

ADIVICE ① 평가원에 대한 출연의 지급, 사용 및 관리 등에 필요한 사항은 대통령령으로 정한다〈지방공기업법 제78조의4 제3항〉.
② 지방공기업법 제78조의4 제10항
③ 지방공기업법 시행령 제76조 제6항
④ 지방공기업법 제78조의4 제8항

19 지방공기업법령상 지방자치단체의 출연금 편성기준에 해당하는 것은?

① 공기업의 수
② 직원의 수
③ 지방공기업의 매출액
④ 지방공기업의 자산

ADIVICE 출연금규모의 편성기준〈지방공기업법 시행령 제76조 제1항〉
㉠ **지방자치단체 출연금 편성기준** : 재정력, 공기업 수 등
㉡ **지방공기업 출연금 편성기준** : 매출액, 직원 수, 자산 등

☑ **ANSWER**   14.③   15.①   16.③   17.③   18.①   19.①

20 지방공기업법령상 다음에서 설명하고 있는 출연금규모의 결정기한은?

> 평가원의 이사장은 전체 및 각 지방자치단체·지방공기업별 다음 연도 출연금 요구안에 대하여 행정안전부장관과 협의하여 출연금규모를 결정하여야 한다.

① 매년 5월 31일까지
② 매년 6월 30일까지
③ 매년 7월 31일까지
④ 매년 8월 31일까지

> **ADIVICE** 평가원의 이사장은 기준에 따라 편성한 전체 및 각 지방자치단체·지방공기업별 다음 연도 출연금 요구안에 대하여 매년 7월 31일까지 행정안전부장관과 협의하여 출연금 규모를 결정하여야 한다〈지방공기업법 시행령 제76조 제1항〉.

21 지방공기업법령상 평가원의 이사장이 출연금규모를 협의하기 전에 행정안전부장관에게 제출해야 하는 사항으로 옳지 않은 것은?

① 다음연도 사업계획
② 사업추진 실적
③ 출연금징수 실적
④ 직전 회계연도의 재무상태표

> **ADIVICE** 평가원의 이사장은 출연금 규모를 협의하기 전에 출연금징수 및 사업추진 실적, 다음 연도 사업계획 등을 행정안전부장관에게 제출하여야 한다〈지방공기업법 시행령 제76조 제2항〉.

22 지방공기업법령상 출연금요구서의 제출기관은?

① 행정안전부 및 기획재정부
② 지방자치단체 및 지방공기업
③ 국회예결위원회
④ 지방자치단체의 의회

> **ADIVICE** ③ 평가원의 이사장은 행정안전부장관과 협의된 출연금액이 지방자치단체 예산과 지방공기업 예산에 편성될 수 있도록 출연금요구서를 해당 지방자치단체 및 지방공기업에 제출하여야 한다〈지방공기업법 시행령 제76조 제3항〉.

23 지방공기업법령상 출연금요구서에 첨부해야 할 서류로 옳지 않은 것은?

① 다음 회계연도의 추정 재무상태표
② 다음 회계연도의 사업계획서
③ 다음 회계연도의 정책연구 및 경영계획서
④ 다음 회계연도의 추정 손익계산서

> **ADIVICE** 출연금요구서에 첨부해야 할 서류〈지방공기업법 시행령 제76조 제3항〉
> ㉠ 다음 회계연도의 사업계획서
> ㉡ 다음 회계연도의 추정 재무상태표 및 추정 손익계산서

24 지방공기업법령상 평가원이 결산 후 발생한 잉여금을 기본재산 또는 운영자금으로 편입하고자 할 때 거쳐야 하는 것은?

① 행정안전부장관의 승인   ② 지방자치단체장의 승인
③ 이사회의 의결   ④ 의회의 의결

> **ADIVICE** 평가원은 결산 후 발생한 잉여금을 이사회의 의결을 거쳐 기본재산 또는 운영자금으로 편입하여야 한다〈지방공기업법 시행령 제76조 제7항〉.

25 지방공기업법령상 지방공기업정책위원회(이하 "정책위원회"라 한다)에 대한 설명으로 옳지 않은 것은?

① 정책위원회는 행정안전부장관이 관계 전문가로 구성하여 운영한다.
② 정책위원회의 위원장은 행정안전부장관이 지명한다.
③ 공무원인 위원이 정책위원회에 출석하는 때에는 수당과 여비를 지급하지 않는다.
④ 위원이 제척사유에 해당하면 해당 안건의 심의·의결에서 회피해야 한다.

> **ADIVICE** ② 정책위원회의 위원장은 행정안전부차관이 된다〈지방공기업법 시행령 제72조 제1항〉.
> ① 지방공기업법 제78조의5 제1항
> ③ 정책위원회의 위원 등에 대하여는 예산의 범위에서 수당과 여비를 지급할 수 있다. 다만, 공무원인 위원이 그 소관 업무와 직접적으로 관련되어 정책위원회에 출석하는 경우에는 그러하지 아니하다〈지방공기업법 시행령 제74조 제1항〉.
> ④ 지방공기업법 시행령 제72조의3 제3항
> ※ 규정한 사항 외에 정책위원회의 운영에 필요한 사항은 행정안전부장관이 정한다〈지방공기업법 시행령 제74조 제2항〉.

26 지방공기업법령상 정책위원회 위원은 총 몇 명인가?

① 11명 이내
② 13명 이내
③ 15명 이내
④ 21명 이내

ADIVICE 지방공기업정책위원회는 위원장 1명을 포함한 15명 이내의 위원으로 구성한다〈지방공기업법 제78조의5 제2항〉.

27 지방공기업법령상 정책위원회 위원의 임명권자는?

① 행정안전부장관
② 행정안전부차관
③ 지방자치단체의 장
④ 지방공기업의 사장 또는 이사장

ADIVICE 위원은 행정안전부장관이 임명 또는 위촉한다〈지방공기업법 시행령 제72조 제1항〉.

28 지방공기업법령상 정책위원회의 위원으로 임명 또는 위촉할 수 없는 사람은?

① 대학교의 부교수 이상으로 공기업경영에 지식이 있는 사람
② 경영평가와 경영진단에 관한 풍부한 경험을 가진 전문가
③ 3년 이상 실무경험이 있는 공인회계사
④ 고위공무원단에 속하는 일반직공무원

ADIVICE 정책위원회의 위원으로 임명 또는 위촉할 수 있는 자〈지방공기업법 시행령 제72조 제1항〉
　　㉠ 경영평가와 경영진단에 관한 풍부한 경험을 가진 전문가
　　㉡ 5년 이상 실무경험이 있는 공인회계사
　　㉢ 학교의 부교수 이상 직위에 있는 사람으로서 공기업 경영 및 그 밖에 관련 분야에 관한 전문지식이 있는 사람
　　㉣ 지방공기업에 관한 업무를 담당하는 3급 이상의 공무원 또는 고위공무원단에 속하는 일반직공무원
　　※ 학교의 종류 … 고등교육법에서 대학, 산업대학, 교육대학, 전문대학, 방송대학·통신대학·방송통신대학 및 사이버
　　　대학(원격대학), 기술대학 등으로 구분한다〈고등교육법 제2조〉.

29 지방공기업법령상 다음에서 정책위원회 위원의 제척·기피·회피사유에 해당하는 것은?

> ㉠ 위원이 해당 안건의 당사자와 친족이거나 친족이었던 경우
> ㉡ 품위손상으로 인하여 위원으로 적합하지 아니하다고 인정되는 경우
> ㉢ 위원 또는 위원이 속한 기관이 해당 안건에 대하여 용역 또는 감정을 한 경우
> ㉣ 직무와 관련된 비위사실이 있는 경우
> ㉤ 심신장애로 인하여 직무를 수행할 수 없게 된 경우

① ㉠㉢
② ㉡㉢
③ ㉡㉢㉣
④ ㉠㉣㉤

ADVICE ㉠㉢은 정책위원회 위원의 제척·기피·회피사유에 해당하는 경우이다〈지방공기업법 시행령 제72조의3 제1항〉.
㉡㉣㉤은 위원의 해임 및 해촉사유에 해당하는 경우이다〈지방공기업법 시행령 제72조의2〉.

30 지방공기업법령상 정책위원회에서 심의·의결하는 안건의 당사자가 기피신청을 한 경우 기피여부의 결정방법은?

① 위원장이 정책위원회의 의결을 거치지 않고 결정한다.
② 정책위원회 위원의 과반찬성으로 의결한다.
③ 행정안전부장관의 승인을 얻어 결정한다.
④ 지방공기업의 정관으로 정한 바에 따라 결정한다.

ADVICE 정책위원회에서 심의·의결하는 안건의 당사자는 위원에게 제척사유가 있거나 공정한 심의·의결을 기대하기 어려운 사정이 있는 경우에는 그 사유를 적어 정책위원회에 기피 신청을 할 수 있다. 이 경우 위원장은 기피 신청에 대하여 정책위원회의 의결을 거치지 않고 기피 여부를 결정한다〈지방공기업법 시행령 제72조의3 제2항〉.

31 지방공기업법령상 정책위원회의 의결방식으로 옳은 것은?

① 재적위원 3분의 1 출석과 출석위원 3분의 2 찬성으로 의결
② 재적위원 3분의 1 출석과 출석위원 과반수 찬성으로 의결
③ 재적위원 과반수 출석과 출석위원 3분의 2 찬성으로 의결
④ 재적위원 과반수 출석과 출석위원 과반수 찬성으로 의결

ADVICE 정책위원회는 재적위원 과반수의 출석으로 개의하고, 출석위원 과반수의 찬성으로 의결한다〈지방공기업법 시행령 제73조 제2항〉.

32 지방공기업법령상 정책위원회의 위원장은 필요할 경우에 회의에 출석하여 발언하게 할 수 있도록 하는 사람이 있는데 그에 해당하지 않는 사람은?

① 국토교통부소속의 공무원
② 지방자치단체의 공무원
③ 지방공기업의 임직원
④ 기타 관계인

ADVICE 정책위원회의 위원장은 필요하다고 인정하는 경우에는 지방자치단체의 공무원, 지방공기업의 임직원, 그 밖의 관계인으로 하여금 출석하여 발언하게 할 수 있다〈지방공기업법 시행령 제73조 제3항〉.

33 지방공기업법령상 지방공기업을 설립할 때 주민 등의 의견청취 절차로 옳은 것은?

① 타당성검토결과 열람 → 타당성검토결과 공개 → 주민공청회 개최 → 심의위원회 개최
② 주민공청회 개최 → 심의위원회 개최 → 타당성검토결과 공개 → 타당성검토결과 열람
③ 타당성검토결과 공개 → 타당성검토결과 열람 → 주민공청회 개최 → 심의위원회 개최
④ 심의위원회 개최 → 주민공청회 개최 → 타당성검토결과 공개 → 타당성검토결과 열람

ADVICE 의견청취 절차 … 타당성검토결과 공개 → 타당성검토결과 열람 → 주민공청회 개최 → 심의위원회 개최〈지방공기업법 시행령 제76조의2 제1항〉
※ **주민공청회** … 지역사회의 주요 정책, 사업 또는 계획 등에 대해 주민들의 의견을 수렴하고, 이를 정책결정과정에 반영하기 위해 개최되는 공식적인 공개회의를 말한다.

34 지방공기업법령상 지방공기업 설립할 때의 공개방법으로 옳지 않은 것은?

① 타당성검토결과 사본을 주민들이 열람하게 해야 한다.
② 주민자치센터 등에 타당성검토결과를 공개해야 한다.
③ 주민공청회를 개최하여야 한다.
④ 전국 또는 지방자치단체의 지역을 보급지역으로 하는 일간신문에 타당성검토결과를 공고하여야 한다.

ADIVICE ④ 타당성검토결과를 해당 지방자치단체의 인터넷 홈페이지에 미리 공개하고 그 사본을 주민자치센터 등 공개된 장소에 갖추어 주민들이 열람할 수 있게 해야 한다〈지방공기업법 시행령 제76조의2 제1항〉.

35 지방공기업법령상 지방공기업을 설립할 때 의견청취방법으로 옳지 않은 것은?

① 주민공청회를 개최하는 경우에는 개최예정일 15일 이전에 공고해야 한다.
② 심의위원회를 개최하기 전에 주민공청회를 개최해야 한다.
③ 타당성검토결과는 행정안전부의 인터넷 홈페이지를 통해 공개한다.
④ 주민공청회를 개최하기 전에 타당성검토결과를 미리 공개해야 한다.

ADIVICE 지방자치단체의 장은 지방공기업을 설립할 때 주민 등의 의견을 청취하는 경우에는 심의위원회를 개최하기 전에 주민공청회를 개최해야 한다. 이 경우 주민공청회를 개최하기 전에 타당성 검토 결과를 해당 지방자치단체의 인터넷 홈페이지에 미리 공개하고 그 사본을 주민자치센터 등 공개된 장소에 갖추어 주민들이 열람할 수 있게 해야 한다〈지방공기업법 시행령 제76조의2 제1항〉.
※ 주민공청회를 개최하는 경우 개최예정일 15일 이전에 공고해야 한다〈지방공기업법 시행령 제76조의2 제3항〉.

☑ **ANSWER** 31.④ 32.① 33.③ 34.④ 35.③

36 지방공기업법령상 다음에서 설명하고 있는 지방공사 · 공단의 통보사항으로 옳지 않은 것은?

> 지방자치단체의 장은 당해 지방자치단체가 경영하는 사업이 지방직영기업으로서 법의 적용을 받게 되거나 또는 받지 아니하게 된 때에는 이를 행정안전부장관에게 통보해야 한다.

① 설립사항
② 정관변경사항
③ 사장(이사장)과 감사의 임면사항
④ 사업운영계획 및 사업실적보고사항

ADIVICE 지방자치단체장이 행정안전부장관에게 통보해야 할 사항〈지방공기업법 시행령 제78조 제2항〉
　　　ⓣ 지방공사 · 공단의 설립사항
　　　ⓛ 지방공사 · 공단의 공동설립사항
　　　ⓒ 지방공사 · 공단의 정관변경사항
　　　ⓔ 지방공사 · 공단의 사장(이사장)과 감사의 임면사항
　　　ⓜ 경영개선조치결과
　　　ⓗ 기타 지방공사 또는 공단의 청산 · 민영화 등의 중요변동사항

37 지방공기업법령상 지방자치단체가 경영하는 사업이 지방직영기업으로서 법의 적용을 받게 될 때 행정안전부장관에게 통보해야 하는 기한은?.

① 사유가 발생한 날부터 10일 이내
② 사유가 발생한 날부터 25일 이내
③ 사유가 발생한 날부터 30일 이내
④ 사유가 발생한 날부터 60일 이내

ADIVICE 통보기한 … 사유가 발생한 날부터 10일 이내에 지방자치단체의 장이 행정안전부장관에게 통보해야 한다〈지방공기업법 시행령 제78조 제2항〉.

38 지방공기업법령상 지방자치단체의 장이 주민 등의 의견을 청취해야 하는 경우로 옳지 않은 것은?

① 경영개선명령을 받았을 때

② 지방공기업을 설립할 때

③ 3개 사업연도 이상 계속하여 당기 순손실이 발생한 때

④ 부실지방공기업에 대한 해산요구를 받은 때

> **ADIVICE** 주민 등에 의견청취를 들어야 할 때〈지방공기업법 제78조의6 제1항〉
> ㉠ 지방공기업을 설립할 때
> ㉡ 행정안전부장관으로부터 경영개선명령을 받은 때
> ㉢ 행정안전부장관으로부터 부실지방공기업에 대한 해산 요구를 받은 때

39 지방공기업법령상 행정안전부장관이 국회소관 상임위원회에 제출해야 하는 지방공기업보고서에 해당되는 내용으로 볼 수 없는 것은?

① 경영평가 및 경영진단 결과

② 경영개선을 위한 조치

③ 부실지방공기업에 대한 해산요구

④ 국채 또는 지방채의 취득현황

> **ADIVICE** 행정안전부장관은 경영평가, 경영진단 결과 및 경영개선을 위한 조치, 해산요구 등을 명확하게 기록한 지방공기업보고서를 매년 경영진단 및 경영개선 조치 실시 후 국회소관 상임위원회에 제출하여야 한다〈지방공기업법 제78조의7〉.

40 지방공기업법령상 행정안전부장관의 권한의 일부를 위임할 수 있는 대상은?

① 시·도지사

② 지방의회의 의장

③ 지방공기업의 사장 또는 이사장

④ 행정안전부장관의 대리인

> **ADIVICE** 지방공기업법에 따른 행정안전부장관의 권한은 대통령령으로 정하는 바에 따라 그 일부를 시·도지사에게 위임할 수 있다〈지방공기업법 제79조의3〉.

☑ **ANSWER** 36.④ 37.① 38.③ 39.④ 40.①

41 지방공기업법령상 의회의 의결이 있은 날부터 채권자 등 이해관계자에게 조직변경 사실을 통보해야 하는 기간은?

① 7일 이내
② 10일 이내
③ 15일 이내
④ 20일 이내

> **ADIVICE** 공사의 사장 또는 공단의 이사장은 의회의 의결이 있은 날부터 20일 이내에 채권자 등 이해관계자에게 조직변경 사실을 통보하여야 한다〈지방공기업법 제80조 제4항〉.

42 지방공기업법령상 공사 또는 공단이 조직변경에 관한 의회의 의결을 받은 경우 그 주된 사무소의 소재지에서 설립등기를 해야 하는 기한은?

① 1주 내
② 2주 내
③ 3주 내
④ 4주 내

> **ADIVICE** 공사 또는 공단이 의회의 의결을 받은 경우에는 3주 내에 그 주된 사무소의 소재지에서 변경된 공사 또는 공단에 관하여는 설립등기를 하여야 한다〈지방공기업법 제80조 제5항〉.

43 지방공기업법령상 조사 및 수사에 관련하여 공사의 사장 또는 공단의 이사장에게 해당 사실과 결과를 통보해야 하는 기한은? (조사나 수사를 시작한 때와 마친 때를 기준으로 함)

① 7일 이내
② 10일 이내
③ 15일 이내
④ 20일 이내

> **ADIVICE** 공사 또는 공단의 임직원에 대하여 직무와 관련된 사건에 관한 조사나 수사를 시작한 때와 이를 마친 때에는 10일 이내에 공사의 사장 또는 공단의 이사장에게 해당 사실과 결과를 통보하여야 한다〈지방공기업법 제80조의2〉.

44 지방공기업법령상 고유식별정보를 처리할 수 없는 사람은?

① 지방자치단체의 장
② 공사의 사장
③ 정관에 의해 대리인으로 선임된 임직원
④ 행정안전부장관이 지정하는 평가원의 임직원

ADVICE 지방자치단체의 장, 공사의 사장 또는 공단의 이사장은 사무를 수행하기 위하여 불가피한 경우 주민등록번호가 포함된 자료를 처리할 수 있다〈지방공기업법 시행령 제78조의3〉.
    ※ **권리행사와 대리인의 선임** … 공사의 사장이 정관으로 정하는 바에 따라 지명하는 임직원은 공사의 업무수행에 필요한 재판상 또는 재판 외의 모든 행위를 할 수 있다〈지방공기업법 제63조의4〉.

45 지방공기업법령상 고유식별정보를 처리할 수 있는 업무로 옳지 않은 것은?

① 임원의 임명 등에 관한 사무
② 직원의 임면에 관한 사무
③ 임원의 결격사유 확인에 관한 사무
④ 신입직원의 서류전형에 관한 사무

ADVICE 고유식별정보를 처리할 수 있는 업무〈지방공기업법 시행령 제78조의3〉
    ㉠ 지방공기업의 사업을 하는데 필요한 부동산거래 관련사무와 이에 수반되는 자료의 열람 · 복사 · 등본 및 사본 교부 등에 관한 사무
    ㉡ 지방공기업의 사업에 수반되는 사용료 할인 또는 감면에 관한 사무
    ㉢ 주택사업 중 저소득 취약계층을 위한 주거복지사업에 관한 사무
    ㉣ 임원의 임명 등에 관한 사무
    ㉤ 임원의 결격사유 확인에 관한 사무
    ㉥ 직원의 임면에 관한 사무
    ㉦ 부실 지방공기업 임원의 해임 등에 관한 사무

☑ **ANSWER** 41.④ 42.③ 43.② 44.④ 45.④

46 지방공기업법령상 다음에 해당하는 경우는 벌칙은?

> • 결산완료 후 지방자치단체의 장에게 보고하여 승인을 받아야 하는 규정을 위반한 경우

① 1년 이하의 징역 및 1천만 원 이하의 벌금

② 3천만 원 이하의 벌금

③ 1천만 원 이하의 벌금

④ 500만 원 이하의 벌금

ADIVICE 500만 원 이하의 벌금〈지방공기업법 제81조〉
   ㉠ 공사의 사장이 예산편성 및 보고 등에 관한 사항을 위반한 경우
   ㉡ 결산완료 후 지방자치단체의 장에게 보고하여 승인을 받아야 하는 규정을 위반한 경우
   ㉢ 지방공기업법 제76조 제2항의 준용하는 법 규정을 위반한 경우

47 지방공기업법령상 다음에 해당하는 자의 과태료 부과 금액은?

> • 정당한 이유 없이 행정안전부장관의 검사를 거부, 방해 또는 기피한 자

① 500만 원 이하   ② 300만 원 이하

③ 200만 원 이하   ④ 100만 원 이하

ADIVICE 정당한 이유 없이 검사를 거부, 방해 또는 기피한 자에게는 200만 원 이하의 과태료를 부과한다〈지방공기업법 제82조 제1항〉.

48 지방공기업법령상 위반행위의 동기와 그 결과 등을 고려해 과태료부과 금액의 감경이 필요하다고 인정되는 경우에 감경할 수 있는 최대범위는?

① 20%   ② 30%

③ 40%   ④ 50%

ADIVICE 부과권자는 위반행위자가 위반행위의 정도, 위반행위의 동기와 그 결과 등을 고려해 감경할 필요가 있다고 인정되는 경우에는 과태료부과 금액의 2분의 1의 범위에서 그 금액을 감경할 수 있다〈지방공기업법 시행령 제79조 별표2의 제1호 다목〉.

49 지방공기업법령상 부과권자가 과태료 금액의 2분의 1의 범위에서 그 금액을 가중할 수 있는 경우는?

① 법령 위반상태의 기간이 1개월 이상인 경우

② 법령 위반상태의 기간이 2개월 이상인 경우

③ 법령 위반상태의 기간이 3개월 이상인 경우

④ 법령 위반상태의 기간이 5개월 이상인 경우

ADIVICE 과태료 금액의 2분의 1의 범위에서 그 금액을 가중할 수 있는 경우〈지방공기업법 시행령 제79조 별표2의 제1호 라목〉

㉠ 법령 위반상태의 기간이 2개월 이상인 경우

㉡ 그 밖에 위반행위의 정도, 위반행위의 동기와 그 결과 등을 고려해 가중할 필요가 있다고 인정되는 경우

※ 가중할 사유가 여러 개 있을 경우라도 과태료 금액의 상한을 넘을 수 없다.

50 지방공기업법령상 업무 또는 재산검사에서 다음에 해당하는 행위를 3차례 위반했을 때의 과태료부과 금액은?

• 지정된 검사 기일에 수검자가 출석하지 않은 경우

• 검사원이 요구한 자료를 지정기일까지 제출하지 않은 경우

---

① 200만 원　　　　　　　　　　② 160만 원

③ 120만 원　　　　　　　　　　④ 100만 원

ADIVICE 업무 · 회계 · 재산검사 중 거부 · 방해 또는 기피한 경우의 과태료 금액〈지방공기업법 시행령 제79조 별표2의 제2호〉

위반행위	1차	2차	3차이상
• 검사를 정당한 사유 없이 거부한 경우	50만 원	100만 원	200만 원
• 검사에 필요한 자료를 지정기일까지 제출하지 않거나 거부한 경우	40만 원	80만 원	160만 원
• 검사원의 검사장 또는 사무소 출입을 방해한 경우	30만 원	60만 원	120만 원
• 검사원이 요구한 자료를 지정기일까지 제출하지 않은 경우	25만 원	50만 원	100만 원
• 지정된 검사기일에 수검자가 출석하지 않은 경우	25만 원	50만 원	100만 원

※ 지방공기업법 제76조 제2항에서 준용하는 경우를 포함한다.

☑ **ANSWER**　46.④　47.③　48.④　49.②　50.④

PART

02

도시철도법령

CHAPTER 01 총칙

1 도시철도법의 목적으로 옳지 않은 것은?

① 도시교통 이용자의 안전 및 편의증진
② 도시철도 이용자의 불만 및 피해에 대한 신속·공정한 구제조치
③ 도시철도의 건설을 촉진하고 그 운영을 합리화
④ 도시교통권역의 원활한 교통소통

> **ADIVICE** 도시철도법의 목적〈도시철도법 제1조〉
> ㉠ 도시교통권역의 원활한 교통소통
> ㉡ 도시철도의 건설을 촉진하고 그 운영을 합리화
> ㉢ 도시철도차량 등을 효율적으로 관리
> ㉣ 도시교통의 발전
> ㉤ 도시교통 이용자의 안전 및 편의증진

2 도시철도법령상 도시교통권역을 지정하고 있는 법령은?

① 도시교통정비촉진법
② 국토의계획및이용에관한법
③ 도시개발법
④ 도로교통법

> **ADIVICE** 도시교통권역 … 「도시교통정비 촉진법」 제4조에 따라 지정·고시된 교통권역을 말한다〈도시철도법 제2조 제1호〉.

3 도시철도법령상 도시철도로 옳지 않은 것은?

① 객차 및 특수차
② 지하철
③ 경전철
④ 모노레일

ADIVICE 도시철도로는 모노레일, 노면전차, 경전철, 통근철도, 강삭철도 등이 있다〈도시철도법 제2조 제2호〉.

4 도시철도법령상 도시철도시설에 대한 설명으로 옳지 않은 것은?

① 도시철도부지는 도시철도시설에 포함되지 않는다.
② 도시철도 역사내의 문화 및 집회시설은 도시철도시설에 포함된다.
③ 도시철도역의 관광휴게시설은 도시철도시설에 포함되지 않는다.
④ 도시철도시설에 도시철도건설을 위해 사용되는 진입도로 및 주차장은 포함된다.

ADIVICE ① 도시철도시설에 부지를 포함한다〈도시철도법 제2조 제3호〉.
② 도시철도법 제2조 제3호 가목
③ 관광휴게시설은 도시철도시설에 포함되지 않는다.
④ 도시철도법 제2조 제3호 바목 → 도시철도법 시행령 제2조 제2호

5 도시철도법령상 도시철도시설에 포함되지 않는 시설은?

① 도시철도의 선로와 역사 및 역 시설
② 선로 및 도시철도차량을 보수 · 정비하기 위한 창고시설
③ 도시철도여객을 위한 오락시설
④ 도시철도 기술의 개발 · 시험 및 연구를 위한 시설

ADIVICE ③ 오락시설은 도시철도시설에 포함되지 않는다〈도시철도법 제2조 제3호〉.

☑**ANSWER** 1.② 2.① 3.① 4.① 5.③

6 도시철도법령상 다음에 해당하는 도시철도시설로 옳지 않은 것은?

> 도시철도의 건설, 유지보수 및 운영을 위한 시설로서 대통령령으로 정하는 도시철도시설

① 도시철도의 건설 및 유지보수를 위해 사용되는 장비
② 도시철도의 건설에 사용되는 토석채취장 및 사토장
③ 도시철도의 유지보수에 필요한 자재를 보관하기 위해 사용되는 창고시설
④ 도시철도의 건설에 사용되는 업무시설과 숙박시설 및 자동차관련시설

ADIVICE 도시철도건설, 유지보수 및 운영을 위해 대통령령으로 정하는 시설〈도시철도법 제2조 제3호 바목 → 도시철도법 시행령 제2조〉
  ㉠ 도시철도의 건설 및 유지보수에 필요한 자재를 가공 · 조립 · 운반 또는 보관하기 위하여 해당 사업기간 동안 사용되는 시설
  ㉡ 도시철도의 건설 및 유지보수를 위한 공사에 사용되는 진입도로, 주차장, 야적장, 토석채취장 및 사토장과 그 설치 또는 운영에 필요한 시설
  ㉢ 도시철도의 건설 및 유지보수를 위하여 해당 사업기간 동안 사용되는 장비와 그 장비의 정비 · 점검 또는 수리를 위한 시설
  ㉣ 그 밖에 도시철도 안전 관련 시설, 안내시설 등 도시철도의 건설 · 유지보수 및 운영을 위하여 필요한 시설로서 국토교통부장관이 정하는 시설

7 도시철도법령상 도시철도운송사업에 포함되지 않는 것은?

① 도시철도차량의 제작 및 판매
② 도시철도차량의 정비
③ 도시철도시설을 이용한 여객 및 화물 운송
④ 도시철도열차의 운행관리

ADIVICE 도시철도운송사업〈도시철도법 제2조 제6호〉
  ㉠ 도시철도시설을 이용한 여객 및 화물운송
  ㉡ 도시철도차량의 정비 및 열차의 운행관리

8   도시철도법령상 도시철도부대사업에 해당되지 않는 사업은?

① 도시철도용품의 제작·판매·정비 및 임대사업

② 도시철도시설의 유지·보수를 공공법인으로부터 위탁받은 사업

③ 도시철도이용자를 상대로 하는 승무서비스사업

④ 도시철도와 다른 교통수단의 연계운송사업

ADVICE ③ 도시철도이용자를 상대로 하는 승무서비스사업은 도시철도부대사업에 해당되지 않는다〈도시철도법 제2조 제6의2호〉.
① 도시철도 차량·장비와 도시철도용품의 제작·판매·정비 및 임대사업〈도시철도법 제2조 제6의2호 나목〉
② 도시철도시설의 유지·보수 등 국가·지방자치단체 또는 공공법인 등으로부터 위탁받은 사업〈도시철도법 제2조 제6의2호 다목〉
④ 도시철도와 다른 교통수단의 연계운송사업〈도시철도법 제2조 제6의2호 가목〉

9   도시철도법령상 도시철도부대사업의 활용범위로 옳지 않은 것은?

① 도시철도부지   ② 도시철도제작

③ 도시철도차량   ④ 도시철도시설

ADVICE 도시철도부대사업은 도시철도시설, 도시철도차량, 도시철도부지 등을 활용하는 사업을 말한다〈도시철도법 제2조 제6의2호〉.

10   도시철도법령상 도시철도부대사업 중 대통령령으로 정하는 사업범위에 해당되지 않는 것은?

① 옥외광고사업   ② 물류사업

③ 관광사업   ④ 스포츠사업

ADVICE 도시철도부대사업 중 대통령령으로 정하는 사업범위〈도시철도법 제2조 제6의2호〉
㉠ 역세권 및 도시철도시설·부지를 활용한 개발·운영 사업으로서 대통령령으로 정하는 사업〈라목〉
㉡ 복합환승센터 개발사업으로서 대통령령으로 정하는 사업〈마목〉
㉢ 물류사업으로서 대통령령으로 정하는 사업〈바목〉
㉣ 관광사업으로서 대통령령으로 정하는 사업〈사목〉
㉤ 옥외광고사업으로서 대통령령으로 정하는 사업〈아목〉
※ 도시철도법 제2조 제6의2호 가목 ~ 자목까지의 사업에 딸린 사업으로서 대통령령으로 정하는 사업도 해당된다〈도시철도법 제2조 제6의2호 차목〉.

☑ANSWER   6.④   7.①   8.③   9.②   10.④

11 도시철도법령상 도시철도사업계획의 승인을 받아 도시철도건설사업을 하는 자는?

① 도시철도건설자
② 도시철도사업자
③ 도시철도건설사업자
④ 도시철도종사자

> **ADIVICE** 도시철도건설자 … 도시철도건설사업을 하는 자로서 도시철도사업계획의 승인을 받은 자를 말한다〈도시철도법 제2조 제7호〉.

12 도시철도법에서 사용하는 용어 중 도시철도운송사업 면허를 받은 자를 무엇이라 하는가?

① 도시철도건설자
② 도시철도운영자
③ 도시철도관리자
④ 도시철도사업자

> **ADIVICE** 도시철도운영자 … 도시철도운송사업을 하는 자로서 국가, 지방자치단체 및 도시철도운송사업 면허를 받은 자(민자도시철도운영자 포함)를 말한다〈도시철도법 제2조 제8호〉.

13 도시철도법령에서 사용하는 용어의 뜻으로 옳지 않은 것은?

① "도시철도건설자"란 도시철도건설사업을 하는 자로서 도시철도사업계획의 승인을 받은 자를 말한다.
② "도시철도사업"이란 도시철도건설사업, 도시철도운송사업 및 민자도시철도사업을 말한다.
③ "도시교통권역"이란 「도시교통정비 촉진법」에 따라 지정·고시된 교통권역을 말한다.
④ "민자도시철도"란 민간투자사업으로 건설하는 도시철도를 말한다.

> **ADIVICE** ② "도시철도사업"이란 도시철도건설사업, 도시철도운송사업 및 도시철도부대사업을 말한다〈도시철도법 제2조 제4호〉.
> ① 도시철도법 제2조 제7호
> ③ 도시철도법 제2조 제1호
> ④ 도시철도법 제2조 제10호

14 도시철도법에서 정하는 국가 및 지방자치단체가 도시철도이용자의 권익보호를 위해 강구해야 할 시책으로 옳지 않은 사항은?

① 도시철도이용자의 보호와 관련된 사항

② 불만 및 피해에 대한 신속·공정한 구제조치

③ 권익보호를 위한 홍보·교육 및 연구

④ 도시철도 안전사고 예방을 위한 철저한 관리

ADIVICE ④는 도시철도이용자의 권익보호를 위한 철도운영자의 역할이다.

  ※ **국가 및 지방자치단체가 도시철도이용자의 권익보호를 위해 강구해야 할 시책**〈도시철도법 제3조의2〉

    ㉠ 도시철도 이용자의 권익보호를 위한 홍보·교육 및 연구

    ㉡ 도시철도 이용자의 생명·신체 및 재산상의 위해방지

    ㉢ 도시철도 이용자의 불만 및 피해에 대한 신속·공정한 구제조치

    ㉣ 그 밖에 도시철도 이용자 보호와 관련된 사항

CHAPTER

02 도시철도의 건설을 위한 계획수립 및 승인

1 도시철도법령상 도시철도망계획의 수립주기는?

① 3년 단위
② 5년 단위
③ 7년 단위
④ 10년 단위

> **ADIVICE** 도시철도망계획은 관계 시·도지사와 협의하여 10년 단위로 수립하여야 한다. 이를 변경하려는 경우에도 또한 같다
> 〈도시철도법 제5조 제1항〉.

2 도시철도법령상 도시철도망계획을 수립하는 목적은?

① 관할 도시교통권역에서 도시철도의 건설 및 운영
② 도시철도산업의 육성과 발전 및 촉진
③ 타 교통수단과의 연계수송 및 교통체계 구축방향
④ 경제성 분석 등을 포함한 도시철도망 구축계획

> **ADIVICE** 시·도지사는 관할 도시교통권역에서 도시철도를 건설·운영하려면 관계 시·도지사와 협의하여 10년 단위의 도시철
> 도망계획을 수립하여야 한다. 이를 변경하려는 경우에도 또한 같다〈도시철도법 제5조 제1항〉.

3 도시철도법령상 도시철도망계획에 포함되어야 할 사항으로 옳지 않은 것은?

① 필요한 재원의 조달방안과 투자 우선순위
② 도시철도의 사업기간 및 총사업비
③ 도시철도망의 중기 · 장기 건설계획
④ 해당 도시교통권역의 특성 및 교통상황

> **ADIVICE** 도시철도망계획에 포함되어야 할 사항〈도시철도법 제5조 제2항〉
> ㉠ 해당 도시교통권역의 특성 · 교통상황 및 장래의 교통수요 예측
> ㉡ 도시철도망의 중기 · 장기 건설계획
> ㉢ 다른 교통수단과 연계한 교통체계의 구축
> ㉣ 필요한 재원의 조달방안과 투자 우선순위
> ㉤ 그 밖에 체계적인 도시철도망 구축을 위하여 필요한 사항으로서 국토교통부령으로 정하는 사항

4 도시철도법령상 도시철도망계획은 다음의 계획과 조화를 이루도록 수립되어야 한다. 옳지 않은 것은?

㉠ 국가기간교통망계획	㉡ 투자 · 건설을 위한 재원확보계획
㉢ 도시교통정비 기본계획	㉣ 대도시권 광역교통기본계획
㉤ 대중교통기본계획	㉥ 도시철도간의 연계 수송계획

① ㉠㉡
② ㉠㉣㉤
③ ㉡㉥
④ ㉢㉣㉥

> **ADIVICE** 도시철도망계획수립 시 조화를 이루도록 수립해야 하는 계획에는 ㉠㉢㉣㉤ 외에 중기 교통시설투자계획, 대도시권 광역교통시행계획, 도시교통정비 중기계획 등이 있다〈도시철도법 제5조 제3항〉.

5 도시철도법령상 도시철도망계획을 수립하거나 변경할 때 승인을 받아야 하는 주체는?

① 국토교통부장관
② 행정안전부장관
③ 시 · 도지사
④ 국가교통위원회

ADIVICE 시 · 도지사는 도시철도망계획을 수립하거나 변경하려면 국토교통부장관의 승인을 받아야 한다〈도시철도법 제5조 제4항〉.

6 도시철도법령상 도시철도망계획의 내용 중 필요한 사항을 조정하여 승인할 때 심의를 거쳐야 하는 곳은?

① 국토교통부장관
② 시 · 도지사
③ 국가교통위원회
④ 철도산업위원회

ADIVICE 도시철도망계획의 내용 중 필요한 사항을 조정하여 관계 행정기관의 장과 협의한 후 국가교통위원회의 심의를 거쳐 승인한다〈도시철도법 제5조 제5항〉.

7 도시철도법령상 도시철도망계획의 내용 중 필요한 사항을 조정 · 승인할 때 국가교통위원회의 심의 및 관보에의 고시를 생략할 수 있는 경우는?

① 노선별 노선연장을 10%의 범위에서 변경하는 것
② 노선별 사업기간을 2년의 범위에서 변경하는 것
③ 노선별 노선연장을 20%의 범위에서 변경하는 것
④ 노선별 사업기간을 5년의 범위에서 변경하는 것

ADIVICE 대통령령으로 정하는 경미한 사항의 변경을 승인하는 경우에는 국가교통위원회의 심의 및 관보에의 고시를 생략한다〈도시철도법 제5조 제5항〉.
　　※ 대통령령으로 정하는 경미한 사항의 변경〈도시철도법 시행령 제4조 제1항〉
　　　㉠ 도시철도망계획에 포함된 도시철도 노선별 노선연장을 100분의 10 범위에서 변경하는 것
　　　㉡ 도시철도망계획에 포함된 도시철도 노선별 사업기간을 3년의 범위에서 변경하는 것

8 도시철도법령상 도시철도노선 중 시 · 도지사가 민자도시철도의 기본계획수립을 생략하고자 할 때 협의해야 할 대상은?

① 국토교통부장관　　　　　　　　　　② 행정안전부장관
③ 관계 시 · 도지사　　　　　　　　　　④ 도시철도공사

ADIVICE 민자도시철도의 경우에는 시 · 도지사가 국토교통부장관과 협의하여 기본계획의 수립을 생략할 수 있다〈도시철도법 제6조 제1항〉.

9 도시철도법령상 도시철도의 노선망과 관련하여 기본계획에 포함되어야 할 사항으로 옳지 않은 것은?

① 기점 · 종점
② 노선연장
③ 차량기지
④ 도시철도차량

ADIVICE 노선명, 노선연장, 기점 · 종점, 정거장위치, 차량기지 등 개략적인 노선망이 포함되어야 한다〈도시철도법 제6조 제2항 제3호〉.

10 도시철도법령상 노선별 도시철도기본계획에 포함되어야 할 사항으로 옳지 않은 것은?

① 도시철도의 건설 및 운영의 경제성 · 재무성분석
② 사업기간 및 총사업비
③ 필요한 사항으로서 대통령령으로 정하는 사항
④ 다른 교통수단과의 연계 수송체계 구축에 관한 사항

ADIVICE ③ 그 밖에 필요한 사항으로서 대통령령이 아니고 국토교통부령으로 정하는 사항이다〈도시철도법 제6조 제2항 제8호〉.

11 도시철도법령상 노선별 도시철도기본계획의 수립에 대한 설명으로 옳지 않은 것은?

① 국토교통부장관은 건설을 추진하려는 노선에 대해서는 기본계획을 수립하여야 한다.

② 기본계획에는 노선명, 노선연장, 기점·종점, 정거장위치, 차량기지 등 개략적인 노선망에 관한 사항이 포함되어야 한다.

③ 기본계획의 내용 중 도시철도차량의 종류 등에 대하여는 국토교통부장관과 협의한 후 공청회를 열어야 한다.

④ 국토교통부장관은 기본계획을 승인하면 관보에 고시하여야 한다.

> **ADIVICE** ① 시·도지사는 도시철도망계획에 포함된 도시철도 노선 중 건설을 추진하려는 노선에 대해서는 관계 시·도지사와 협의하여 노선별 기본계획을 수립하여야 한다〈도시철도법 제6조 제1항〉.
> ② 도시철도법 제6조 제2항 제3호
> ③ 도시철도법 제6조 제3항
> ④ 도시철도법 제6조 제5항

12 도시철도법령상 기본계획의 주요사항을 변경할 경우에 생략할 수 있는 것은?

① 사전협의

② 공청회

③ 지방의회 의견청취

④ 국토교통부장관과 협의

> **ADIVICE** 대통령령으로 정하는 경미한 사항을 변경하려는 경우에는 사전협의, 공청회, 지방의회 의견청취의 절차를 생략할 수 있다〈도시철도법 제6조 제3항〉.

13 도시철도법령상 노선별 기본계획의 내용 중 기본계획의 주요사항으로 옳지 않은 것은?

① 도시철도차량의 수량

② 도시철도차량의 운행계획

③ 자금의 조달방안 및 운용계획

④ 총사업비

> **ADIVICE** 기본계획의 내용 중 대통령령으로 정하는 주요사항〈도시철도법 시행령 제5조〉
> ㉠ 도시철도의 건설 및 운영의 경제성·재무성분석과 그 밖의 타당성의 평가
> ㉡ 노선명, 노선연장, 기점·종점, 정거장위치, 차량기지 등 개략적인 노선망
> ㉢ 사업기간 및 총사업비
> ㉣ 지방자치단체의 재원 분담비율을 포함한 자금의 조달방안 및 운용계획
> ㉤ 도시철도의 건설방식
> ㉥ 도시철도차량의 종류 및 운행계획

14 도시철도법령상 국토교통부장관이 경미한 사항의 변경을 승인했을 때 그 내용을 즉시 통보해야 할 대상은?

① 지역주민 및 관계 전문가
② 관계 행정기관의 장
③ 지방의회
④ 행정안전부장관

ADVICE 국토교통부장관은 경미한 사항의 변경을 승인하였을 때에는 지체 없이 그 내용을 관계 행정기관의 장에게 통보하여야 한다〈도시철도법 시행령 제6조 제2항〉.

15 도시철도법령상 기본계획에 따라 도시철도를 건설하려는 자가 승인을 받아야 하는 것은?

① 도시철도망계획
② 사업계획
③ 종합계획
④ 투자계획

ADVICE 기본계획에 따라 도시철도를 건설하려는 자는 사업계획을 수립하여 국토교통부장관의 승인을 받아야 한다. 이를 변경하려는 경우에도 또한 같다〈도시철도법 제7조 제1항〉.

16 도시철도법령상 사업계획의 승인을 신청한 자가 미리 그 뜻을 공고한 후 관계서류의 사본을 일반인에게 열람할 수 있도록 해야 하는 기간은?

① 10일 이상
② 15일 이상
③ 20일 이상
④ 30일 이상

ADVICE 기본계획에 따라 도시철도를 건설하려는 자가 사업계획의 승인을 신청할 때에는 미리 그 뜻을 공고하고 관계 서류의 사본을 20일 이상 일반인이 열람할 수 있게 하여야 한다〈도시철도법 제7조 제2항〉.

☑ANSWER 11.① 12.④ 13.① 14.② 15.② 16.③

17 시철도법령상 소유자등에 대한 설명으로 옳지 않은 것은?

① 소유자등이란 도시철도시설 부지에 편입되는 토지의 소유자 및 관계인을 말한다.

② 사업계획의 승인을 신청하는 자에게 소유자등은 열람기간에 의견서를 제출할 수 있다.

③ 소유자등이 제출한 의견이 타당하다고 인정하면 사업계획 승인신청내용에 이를 반영하고, 반영하지 않은 의견은 별도로 보관하여야 한다.

④ 국토교통부장관은 사업계획을 승인할 때 첨부된 의견이 타당하다고 인정할 때에는 이를 반영하여야 한다.

ADIVICE ③ 사업계획의 승인을 신청하는 자는 제출된 의견이 타당하다고 인정하면 사업계획 승인신청 내용에 이를 반영하여야 하고, 반영하지 아니한 의견은 신청서에 첨부하여야 한다〈도시철도법 제7조 제4항〉.

① 도시철도법 제7조 제2항

② 도시철도법 제7조 제3항

④ 도시철도법 제7조 제5항

18 도시철도법령상 사업계획 승인내용 중 도시 · 군관리계획의 결정사항이 포함된 경우 필요한 조치를 해야할 주체는?

① 국토교통부장관

② 지방자치단체의 장

③ 지방의회의 장

④ 도시철도를 건설하려는 자

ADIVICE 지방자치단체의 장은 사업계획 승인내용 중 도시 · 군관리계획 결정사항이 포함되어 있는 경우에는 지형도면의 고시 등 필요한 조치를 하여야 한다〈도시철도법 제7조 제7항〉.

19 도시철도법령상 사업계획 승인신청서에 첨부해야 할 서류가 아닌 것은?

① 도시철도시설 부지에 소유자등의 인적사항 목록

② 도시철도시설의 개요

③ 공사시행계획서 및 공사 종류별 공정계획서

④ 도시철도 건설의 기본설계서

ADIVICE 도시철도시설 부지에 편입되는 토지의 소유자 및 관계인(소유자등)의 인적사항은 사업계획 승인신청서에 첨부해야 할 서류에 포함되지 않는다〈도시철도법 시행령 제7조〉.

20 도시철도법령상 사업계획 승인신청서에 첨부할 서류 중 계획평면도 및 종단면도에 포함되는 도면의 축적기준으로 옳은 것은?

① 축척 500분의 1부터 2만5천분의 1까지의 것
② 축척 400분의 1부터 2만분의 1까지의 것
③ 축척 300분의 1부터 1만5천분의 1까지의 것
④ 축척 200분의 1부터 1만분의 1까지의 것

ADIVICE 축적에 따른 계획평면도 및 종단면도〈도시철도법 시행령 제7조 제3호〉
  ㉠ 축척 500분의 1부터 2만5천분의 1까지의 것(노선의 실측도면에 표시한 것을 말한다)
  ㉡ 축척 200분의 1부터 5천분의 1까지의 것
  ※ 도시철도 부지를 표시한 도면(축척 500분의 1부터 5천분의 1까지의 것만 해당한다)도 승인신청서에 첨부할 서류이다〈도시철도법 시행령 제7조 제12호〉.

21 도시철도법령상 사업계획의 승인을 신청하려는 자가 사업계획 승인신청서에 첨부할 서류로 옳지 않은 것은?

① 도시철도 건설기간 중 건설지역의 도로교통대책에 관한 서류
② 교통영향평가 및 환경영향평가에 대한 관계 행정기관의 장과의 협의 결과에 관한 서류
③ 수용하거나 사용할 토지등의 소재지ㆍ지번ㆍ지목 및 면적을 적은 서류
④ 도시철도 부지를 표시한 축척 500분의 1부터 1만의 1까지의 도면

ADIVICE ④ 도시철도 부지를 표시한 도면(축척 500분의 1부터 5천분의 1까지의 것만 해당)이 첨부해야 할 서류이다〈도시철도법 시행령 제7조 제12호〉.

22 도시철도법령상 사업계획의 승인을 신청하기 전 공고방법으로 가장 옳은 것은?

① 국내 전지역을 대상으로 하는 일반 일간신문에 공고하여야 한다.
② 특별시ㆍ광역시ㆍ특별자치시ㆍ도 및 특별자치도 공보에 세 번 이상 공고하여야 한다.
③ 시ㆍ도의 인터넷 홈페이지에 공고하여야 한다.
④ 해당 지역에서 발간되는 일간신문과 시ㆍ도 공보에 각각 한 번 이상 공고하여야 한다.

ADIVICE 사업계획의 승인을 신청하기 전에 그 뜻을 공고하려는 자는 해당 지역에서 발간되는 일간신문과 시ㆍ도의 공보에 각각 한 번 이상 공고하여야 한다〈도시철도법 시행령 제8조 제1항〉.

☑ANSWER 17.③ 18.② 19.① 20.① 21.④ 22.④

23 도시철도법령상 다음에서 사업계획 승인신청 전 공고해야 할 내용을 모두 고르면?

　　㉠ 법인의 명칭·주소와 대표자의 성명·주소
　　㉡ 사업기간 및 총사업비
　　㉢ 도시철도 부지의 위치
　　㉣ 도시철도 건설의 착공 예정일 및 준공 예정일
　　㉤ 다른 교통수단과의 연계 수송체계
　　㉥ 관계서류사본의 열람 장소 및 일시

---

① ㉠㉡㉢㉣
② ㉠㉢㉣㉥
③ ㉠㉡㉢㉣㉥
④ ㉠㉡㉢㉣㉤㉥

> **ADVICE** 사업계획 승인신청 전 공고해야 할 사항〈도시철도법 시행령 제8조 제1항〉
> 　㉠ 신청인의 성명·주소(법인인 경우에는 법인의 명칭·주소와 대표자의 성명·주소를 말한다)
> 　㉡ 도시철도 부지의 위치
> 　㉢ 노선의 기점·종점, 정거장 위치, 차량기지 위치
> 　㉣ 도시철도 건설의 착공 예정일 및 준공 예정일
> 　㉤ 관계서류사본을 열람할 수 있는 일시 및 장소

24 도시철도법령상 도시철도시설 부지에 편입되는 토지의 소유자등에게 그 사실을 통보하지 않아도 되는 경우는?

① 소유자등의 편입면적이 일정규모 이하인 경우
② 소유자등을 알 수 없거나 주소가 불명인 경우
③ 소유자등의 주소 또는 거소지에 수신을 거부된 경우
④ 소유자등이 외국에 체류 중인 것이 확인된 경우

> **ADVICE** 토지의 소유자등에게 그 사실을 통보하지 않아도 되는 경우〈도시철도법 시행령 제8조 제3항〉
> 　㉠ 소유자등을 알 수 없는 경우
> 　㉡ 소유자등의 주소·거소, 그 밖에 통보할 장소를 알 수 없는 경우

25 도시철도법령상 사업계획이 승인되었을 때 승인한 날부터 관보에 고시하여야 하는 기한은?

① 7일 이내

② 10일 이내

③ 14일 이내

④ 15일 이내

> **ADIVICE** 국토교통부장관은 사업계획을 승인하면 승인한 날부터 7일 이내에 관보에 고시하여야 한다〈도시철도법 시행령 제8조 제4항〉.

26 도시철도법령상 도로법에 의한 인가 · 허가등의 의제사항으로 옳은 것은?

① 도로명칭변경허가

② 도로점용허가

③ 고속국도의 지정 및 신고

④ 사도개설의 허가

> **ADIVICE** 도로법에 따라 도로공사 시행의 허가, 도로점용허가가 완료된 것으로 본다〈도시철도법 제8조 제1항 제7호〉
> ※ ④ 사도개설의 허가는 사도법에 따른다.

27 도시철도법령상 인가 · 허가등의 의제에 해당하지 않는 법률은?

① 소방의 화재조사에 관한 법률

② 장사 등에 관한법률

③ 초지법

④ 군사기지 및 군사시설 보호법

> **ADIVICE** ① 소방의 화재조사에 관한 법률은 도시철도법상 인가 · 허가등의 의제에 해당되지 않는다〈도시철도법 제8조 제1항〉
> ② 도시철도법 제8조 제1항 제16호
> ③ 도시철도법 제8조 제1항 제18호
> ④ 도시철도법 제8조 제1항 제5호

✅ **ANSWER** 23.② 24.② 25.① 26.② 27.①

28 도시철도법령상 국토교통부장관이 인가 · 허가등의 관계 행정기관의 장과 미리 협의한 사항에 대해서는 해당 인가 · 허가등이 있는 것으로 간주된다. 그에 해당되지 않는 것은?

① 농지전용의 허가 또는 협의
② 무연분묘의 개장허가
③ 군사시설 통제보호구역 등에의 출입허가
④ 토지수용의 허가

> **ADIVICE** ④의 토지수용의 허가는 인가 · 허가등의 의제에 해당되지 않는다.
> ① 도시철도법 제8조 제1항 제6호
> ② 도시철도법 제8조 제1항 제16호
> ③ 도시철도법 제8조 제1항 제5호

29 도시철도법령상 도시철도 사업계획 승인 시 「하수도법」에 따른 인가 · 허가등의 의제에 해당하는 것은?

① 공유수면의 점용 · 사용허가
② 전용공업용수도 인가
③ 하천수의 사용허가
④ 공공하수도 사업의 허가

> **ADIVICE** ④ 「하수도법」에 따른 인가 · 허가등의 의제는 공공하수도 사업의 허가, 공공하수도의 점용허가 등이 있다〈도시철도법 제8조 제1항 제20호〉.
> ① 「공유수면 관리 및 매립에 관한 법률」에 따른 공유수면의 점용 · 사용허가, 공유수면의 점용 · 사용협의 또는 승인, 점용 · 사용실시계획의 승인 또는 신고, 매립면허취득, 국가 등이 시행하는 매립협의 또는 승인, 매립실시계획의 승인〈도시철도법 제8조 제1항 제3호〉.
> ② 「수도법」에 따른 전용상수도 인가, 전용공업용수도 인가〈도시철도법 제8조 제1항 제14호〉.
> ③ 「하천법」에 따른 하천공사 시행의 허가, 하천의 점용허가, 하천수의 사용허가〈도시철도법 제8조 제1항 제21호〉.

30 도시철도법령상 다른 법률에 따른 인가 · 허가등의 의제에서 법령과 내용의 연결이 옳지 않은 것은?

① 「군사기지 및 군사시설 보호법」 – 행정기관의 허가등에 관한 협의
② 「자연공원법」 – 공원관리청과의 협의
③ 「수도법」 – 하천의 점용허가
④ 「소방시설 설치 및 관리에 관한 법률」 – 건축허가등의 동의

> **ADIVICE** ③ 「수도법」에 따른 전용상수도 인가, 전용공업용수도 인가〈도시철도법 제8조 제1항 제14호〉
> ① 도시철도법 제8조 제1항 제5호
> ② 도시철도법 제8조 제1항 제15호
> ④ 도시철도법 제8조 제1항 제13호

31 도시철도법령상 다른 법률에 따른 인가·허가의제의 내용이 옳게 연결된 것은?

① 「산지관리법」 – 산지전용신고, 산지전용허가
② 「전기안전관리법」 – 전기사업용전기설비 공사계획의 인가 또는 신고
③ 「산림자원의 조성 및 관리에 관한 법률」 – 산지일시사용허가·신고
④ 「전기사업법」 – 자가용전기설비 공사계획의 인가 또는 신고

ADVICE ① 「산지관리법」에 따른 산지전용허가, 산지전용신고, 산지일시사용허가·신고〈도시철도법 제8조 제1항 제12호〉
② 「전기안전관리법」에 따른 자가용전기설비 공사계획의 인가 또는 신고〈도시철도법 제8조 제1항 제17호〉
③ 「산림자원의 조성 및 관리에 관한 법률」에 따른 입목벌채등의 허가 및 신고〈도시철도법 제8조 제1항 제12호〉
④ 「전기사업법」에 따른 전기사업용전기설비 공사계획의 인가 또는 신고〈도시철도법 제8조 제1항 제17호〉

32 도시철도법령상 국토교통부장관이 사업계획을 승인 또는 변경승인할 때에는 인가·허가등의 의제에 해당하는 내용이 있는 경우의 조치방법은?

① 관계 행정기관의 장과 미리 협의하여야 한다.
② 사업계획 승인신청서를 제출받아야 한다.
③ 해당 지방의회와 미리 협의하여야 한다.
④ 관계 행정기관의 소속 공무원에게 인가·허가등의 의제여부를 통보한다.

ADVICE 국토교통부장관이 사업계획을 승인 또는 변경승인할 때 인가·허가등의 의제에 해당하는 내용이 있는 경우 관계 행정기관의 장과 미리 협의하여야 한다〈도시철도법 제8조 제2항〉.

33 도시철도법령상 도시철도법에서 규정한 사항 외에 인가·허가등 의제의 기준 및 효과 등에 관하여 규정하고 있는 법률은?

① 국토의 계획 및 이용에 관한 법률
② 행정기본법
③ 행정절차법
④ 철도사업법

ADVICE 도시철도법에서 규정한 사항 외에 인가·허가등 의제의 기준 및 효과 등에 관하여는 「행정기본법」 제24조부터 제26조까지를 준용한다〈도시철도법 제8조 제5항〉.

☑ANSWER 28.④ 29.④ 30.③ 31.① 32.① 33.②

34 도시철도법령상 다음은 일괄협의회의에 대한 설명으로 (   ) 안에 알맞은 것은?

> 관계 행정기관의 장은 법령검토 및 사실확인 등을 위한 추가검토가 필요하여 해당 인가·허가등에 대한 의견을 일괄협의회의 회의에서 제출하기 곤란한 경우에는 일괄협의회의 회의를 개최한 날부터 (   ) 이내에 그 의견을 제출할 수 있다.

① 5일   ② 7일
③ 10일   ④ 14일

ADIVICE 관계 행정기관의 장은 법령검토 및 사실확인 등을 위한 추가검토가 필요하여 해당 인가·허가등에 대한 의견을 일괄협의회의 회의에서 제출하기 곤란한 경우에는 일괄협의회의 회의를 개최한 날부터 5일 이내에 그 의견을 제출할 수 있다〈도시철도법 시행령 제9조 제2항〉.

CHAPTER

03

도시철도의 건설을 위한 보상 및 이주대책 등

1 도시철도법령상 도시철도건설사업을 위하여 타인토지의 지하부분을 사용할 경우의 보상주체는?

① 국가
② 국토교통부
③ 지방자치단체
④ 도시철도건설자

ADIVICE 도시철도건설자가 도시철도건설사업을 위하여 타인토지의 지하부분을 사용하려는 경우에는 보상하여야 한다〈도시철도법 제9조 제1항〉.

2 도시철도법령상 지하부분 사용에 대한 보상기준 및 방법에 관한 사항을 정하는 것은?

① 대통령령
② 국토교통부장관령
③ 공익사업을 위한 토지 등의 취득 및 보상에 관한 법률
④ 공유재산 및 물품 관리법

ADIVICE 지하부분 사용에 대한 구체적인 보상의 기준 및 방법에 관한 사항은 대통령령으로 정한다〈도시철도법 제9조 제2항〉.

☑**ANSWER** 34.① / 1.④ 2.①

3 도시철도법령상 지하부분 사용에 대한 보상기준에 관한 설명으로 옳지 않은 것은?

① 지하부분 사용에 대한 보상대상은 도시철도시설의 건설 및 보호를 위하여 사용되는 토지의 지하부분이다.

② 입체이용저해율은 건물의 이용저해율과 지하부분의 이용저해율의 평균값으로 산정된다.

③ 토지의 적정가격은 표준지공시지가를 기준으로 하여 감정평가법인등이 평가한 가액이다.

④ 보상금액은 구분지상권 설정 또는 이전면적에 토지의 적정가격과 입체이용저해율을 곱하여 산정된다.

> **ADIVICE** ② 입체이용저해율은 건물의 이용저해율, 지하부분의 이용저해율, 건물 및 지하부분을 제외한 그 밖의 이용저해율을 합산하여 산정한다〈도시철도법 시행령 제10조 제2항 별표1〉.
> ① 도시철도법 시행령 제10조 제1항
> ③ 도시철도법 시행령 제10조 제3항
> ④ 도시철도법 시행령 제10조 제2항
> ※ **입체이용저해율** … 특정 토지나 지역에서 다양한 시설 및 구조물들이 상호 간에 공간적으로 얼마나 적절하게 배치되었는지 또는 그 배치로 인해 얼마나 이용이 방해되는지를 나타내는 비율이다.

4 도시철도법령상 도시철도건설자가 토지의 지하부분 사용에 대한 보상을 할 때, 보상금액의 지급방법으로 옳은 것은?

① 토지소유자의 요청에 따라 선택적으로 지급한다.

② 일시불로 지급한다.

③ 매월 정기적으로 지급한다.

④ 지급보증서로 지급한다.

> **ADIVICE** 도시철도건설자가 토지의 지하부분 사용에 대한 보상을 할 때에는 토지소유자에게 개인마다 일시불로 보상금액을 지급하여야 한다〈도시철도법 시행령 제11조 제1항〉.

5 도시철도법령상 도시철도건설자가 토지의 지하부분 사용에 대한 보상을 완료한 후 지방자치단체장에게 통보해야 할 내용으로 옳지 않은 것은?

① 토지소유자의 명부   ② 보상면적

③ 토지의 지하부분사용의 세부내용   ④ 보상한 보상금액

> **ADIVICE** 도시철도건설자는 보상한 보상금액, 보상면적 및 토지의 지하부분 사용의 세부내용을 관할 지방자치단체의 장에게 통보하여야 한다〈도시철도법 시행령 제11조 제2항〉.

6 도시철도법령상 토지등의 수용 및 사용에 대한 설명으로 옳지 않은 것은?

① 도시철도건설사업을 위한 토지·물건 및 권리의 수용 또는 사용은 도시철도건설자가 할 수 있다.

② 사업계획의 승인과 고시는 사업인정 및 사업인정고시로 본다.

③ 토지등의 수용에 관하여 도시철도법의 규정을 제외하고는 「공익사업을 위한 토지 등의 취득 및 보상에 관한 법률」을 준용한다.

④ 재결신청의 기한은 사업계획의 승인을 받은 후 1년 이내로 한다.

ADIVICE ④ 재결신청의 기한은 사업계획의 승인을 받은 사업계획에서 정한 도시철도사업기간의 종료일로 한다〈도시철도법 제10조 제2항〉.

※ **재결신청** … 공공기관의 행정 처분에 대한 이의신청 절차 중 하나로 행정기관 또는 법원에 해당 행위의 적법성을 심사해 달라고 요청하는 절차를 말한다.

① 도시철도법 제10조 제1항
② 도시철도법 제10조 제2항
③ 도시철도법 제10조 제3항

7 도시철도법령상 재결신청의 기한은?

① 도시철도사업기간의 시작일
② 사업계획 승인일
③ 도시철도사업기간의 종료일
④ 사업계획 고시일

ADIVICE 재결신청의 기한 … 사업계획의 승인을 받은 사업계획에서 정한 도시철도사업기간의 종료일로 한다〈도시철도법 제10조 제2항〉.

8 도시철도법령상 도시철도건설자가 토지의 지하부분 사용이 필요할 경우에 취해야 할 조치로 옳은 것은?

① 땅을 파거나 뚫는 행위의 금지
② 공청회 개최
③ 지방자치단체장에게 통보
④ 구분지상권설정 또는 이전

ADVICE 도시철도건설자는 토지의 지하부분 사용이 필요한 경우에는 해당 부분에 대하여 구분지상권을 설정하거나 이전하여야 한다〈도시철도법 제12조 제1항〉.
※ **구분지상권** … 특정 지상공간 또는 지하공간의 사용권을 다른 사람에게 부여하는 권리를 말한다.

9 도시철도법령상 도시철도건설자가 토지의 지하부분 사용이 필요한 경우에 관한 설명으로 옳은 것은?

① 구분지상권을 반드시 설정해야 한다.
② 구분지상권의 설정등기 또는 이전등기는 단독으로 신청할 수 없다.
③ 도시철도건설자는 토지의 지하부분 사용이 필요한 경우 이전할 수 있다.
④ 구분지상권의 존속기간은 민법 제281조에 따른다.

ADVICE ①③ 도시철도건설자는 토지의 지하부분 사용이 필요한 경우에는 해당 부분에 대하여 구분지상권을 설정하거나 이전하여야 한다〈도시철도법 제12조 제1항〉.
② 도시철도건설자는 구분지상권을 설정하거나 이전하는 내용으로 수용 또는 사용의 재결을 받은 경우에는 단독으로 그 구분지상권의 설정등기 또는 이전등기를 신청할 수 있다〈도시철도법 제12조 제2항〉.
④ 구분지상권의 존속기간은 「민법」 제281조에도 불구하고 도시철도시설이 존속하는 날까지로 한다〈도시철도법 제12조 제4항〉.

10 도시철도법령상 구분지상권의 존속기간으로 옳은 것은?

① 도시철도시설이 개통되는 날까지
② 20년 단위로 계약을 연장하는 날까지
③ 도시철도시설이 존속하는 날까지
④ 대통령령으로 정하는 날까지

ADVICE 구분지상권의 존속기간은 「민법」 제281조에도 불구하고 도시철도시설이 존속하는 날까지로 한다〈도시철도법 제12조 제4항〉.

11 도시철도법령상 도시철도시설의 안전을 해칠 우려가 있어 보상을 받은 지하부분에서 할 수 없는 행위로 볼 수 없는 것은?

① 인공구조물의 증축
② 땅을 파는 행위
③ 비닐하우스의 설치
④ 건축물의 신축 또는 개축

ADIVICE 보상받은 지하부분의 범위에서의 행위제한〈도시철도법 제13조〉
  ㉠ 인공구조물의 신축 · 개축
  ㉡ 인공구조물의 증축
  ㉢ 땅을 파거나 뚫는 행위

12 도시철도법령상 도시철도건설사업을 위하여 필요한 경우 다음의 행위를 할 수 있는 자는?

> ㉠ 타인의 토지를 일시적으로 사용하거나 타인의 토지에 출입하는 행위
> ㉡ 장애물 또는 흙 · 돌 · 수목을 변경하거나 제거하는 행위

① 국토부장관이 도시철도건설을 위하여 지정하는 자
② 해당 지방자치단체장의 승인을 받은 자
③ 도시철도건설사업 관련 고위직 공무원
④ 도시철도건설자

ADIVICE 도시철도건설사업을 위하여 필요하면 토지에의 출입등의 행위를 할 수 있는 자는 도시철도건설자이다〈도시철도법 제14조 제1항〉.

☑ **ANSWER** 8.④ 9.③ 10.③ 11.③ 12.④

13 도시철도법령상 도시철도건설사업을 위하여 도시철도건설자가 할 수 있는 행위를 모두 고르면?

| ㉠ 타인의 토지를 일시 사용하는 행위 | ㉡ 장애물을 변경하는 행위 |
| ㉢ 타인의 토지에 출입하는 행위 | ㉣ 타인의 건물을 철거하는 행위 |

① ㉠㉡㉢
② ㉠㉡㉣
③ ㉡㉢㉣
④ ㉠㉡㉢㉣

> **ADIVICE** 도시철도건설자가 도시철도건설사업을 위하여 필요하면 할 수 있는 행위로는 ㉠㉡㉢ 외에 나무·흙·돌을 변경하거나 제거하는 행위가 있다〈도시철도법 제14조 제1항〉.

14 도시철도법령상 도시철도건설자가 장애물을 이전하기 위해 소유자등과 협의가 성립되지 않았을 때 할 수 있는 조치는?

① 법원에 소송을 제기한다.
② 관할 토지수용위원회에 재결을 신청한다.
③ 다른 부지에 공사를 시행한다.
④ 우선 공사를 시행한 후 재협의에 나선다.

> **ADIVICE** 협의를 할 수 없거나 협의가 성립되지 아니한 경우에는 그 소유자등 및 도시철도건설자는 관할 토지수용위원회에 재결을 신청할 수 있다〈도시철도법 제15조 제2항〉.

15 도시철도법령상 도시철도건설자가 도시철도건설사업에 지장을 주는 장애물을 이전하기 위한 절차로 옳지 않은 것은?

① 도시철도건설자는 소유자등과 협의하여야 한다.
② 협의가 성립되지 아니한 경우에는 재결을 신청할 수 있다.
③ 재결이 있는 경우 공사장애물을 이전하고 보상금을 공탁한다.
④ 재결신청은 도시철도건설자가 한다.

> **ADIVICE** ③ 도시철도건설자는 재결이 있는 경우에는 그 공사장애물의 이전 등에 대한 보상금을 공탁하고 공사장애물 이전 등을 할 수 있다〈도시철도법 제15조 제3항〉.
> ① 도시철도법 제15조 제1항
> ②④ 도시철도법 제15조 제2항
> ※ 공탁 … 금전이나 유가증권 등을 공탁소에 맡겨 두는 것을 말한다.

16 도시철도법령상 토지수용위원회의 역할에 대한 설명으로 옳은 것은?

① 공익사업을 계획하고 시행한다.
② 토지 소유자와의 협상을 대신하여 보상액을 결정한다.
③ 도시철도건설을 위한 사업자금규모를 결정한다.
④ 토지수용 및 사용에 관한 재결신청을 처리하고 결정한다.

> **ADIVICE** 토지수용위원회는 「공익사업을 위한 토지 등의 취득 및 보상에 관한 법률」에 따라 토지수용이나 사용에 관한 재결신청을 접수하고 이를 심의하여 결정한다〈도시철도법 제15조〉.

17 도시철도법령상 도시철도건설자가 장애물을 이전하기 위해 재결이 있는 경우 필요한 조치는?

① 보상금을 소유자에게 직접 지급하고 공사를 시작한다.
② 보상금을 공탁하고 공사장애물 이전 등을 한다.
③ 소유자에게 장애물 이전비용을 지급하고 공사를 일시 중단한다.
④ 장애물을 피하여 공사를 계속한다.

> **ADIVICE** 도시철도건설자는 재결이 있는 경우에는 그 공사장애물의 이전 등에 대한 보상금을 공탁하고 공사장애물 이전 등을 할 수 있다〈도시철도법 제15조 제3항〉.

18 도시철도법령상 도시철도건설사업의 시행에 필요한 토지 등을 제공함으로써 생활근거를 잃게 되는 자를 위하여 수립해야 하는 것은?

① 보상방법
② 이주대책
③ 주택제공방안
④ 경제활동제공

> **ADIVICE** 도시철도건설사업의 시행에 필요한 토지 등을 제공함으로써 생활근거를 잃게 되는 자를 위한 이주대책등을 수립해야 한다〈도시철도법 제16조〉.

☑ANSWER 13.① 14.② 15.③ 16.④ 17.② 18.②

CHAPTER

04 도시철도의 건설을 위한 자금조달

1 도시철도법령상 도시철도건설의 절차로 볼 수 없는 것은?

① 계획 및 설계
② 시설설치
③ 시운전 및 개통
④ 물류시스템 확보

ADIVICE 도시철도건설의 절차는, 계획 및 설계, 토지확보, 공사, 시설설치, 시운전 및 개통으로 나눌 수 있다.

2 도시철도법령상 노면전차 전용차로에 대한 설명으로 옳지 않은 것은?

① 노면전차와 자동차가 함께 통행할 수 있도록 만들어진 차로이다.
② 안전표지 등으로 다른 자동차가 통행하는 차로와 구분된다.
③ 교통이 현저하게 혼잡해질 경우 혼용차로로 대체될 수 있다.
④ 차도의 일정부분을 노면전차만 통행하도록 구분한 차로이다.

ADIVICE 노면전차 전용차로 … 차도의 일정부분을 노면전차만 통행하도록 안전표지 등으로 다른 자동차 등이 통행하는 차로와
구분한 차로를 말한다〈도시철도법 제18조의2 제1항 제2호〉.
③ 도시철도법 제18조의2 제2항

3 도시철도법령상 노면전차 전용도로에 대한 설명으로 옳지 않은 것은?

① 도시철도건설자는 노면전차 전용도로를 도로에 건설할 수 있다.

② 노면전차 도로와 동일한 의미로 볼 수 있다.

③ 자동차도 통행할 수 있도록 할 수 있다.

④ 분리대, 연석 등으로 차도 및 보도와 구분하여 설치한 도로이다.

ADIVICE 노면전차 전용도로 … 노면전차만이 통행할 수 있도록 분리대, 연석, 그 밖에 이와 유사한 시설물에 의하여 차도 및 보도와 구분하여 설치한 노면전차도로를 말한다〈도시철도법 제18조의2 제1항 제1호〉.

4 도시철도법령상 노면전차 전용도로 또는 전용차로의 설치목적으로 옳지 않은 것은?

① 도로의 안전을 고려하여 설치한다.

② 노면전차와 다른 자동차의 통행의 혼잡을 줄이기 위해 설치한다.

③ 노면전차의 안전하고 원활한 운행을 보장하기 위해 설치한다.

④ 보행자의 편의를 제공하기 위해 노면전차 전용차로를 설치한다.

ADIVICE 도로의 일부를 노면전차 전용으로 사용하여 교통 혼잡을 줄이고 노면전차의 원활한 운행을 돕기 위해 설치된다〈도시철도법 제18조의2〉.

5 도시철도법령상 도시철도의 건설 및 운영에 필요한 자금을 조달하는 방법으로 옳지 않은 것은?

① 도시철도채권의 발행

② 금융기관으로부터의 차입금

③ 도시철도건설자의 자기자금

④ 도시철도를 건설·운영하여 생긴 수익금

ADIVICE 도시철도의 건설 및 운영을 위한 자금의 재원 및 조달방법〈도시철도법 제19조〉

㉠ 도시철도건설자 또는 도시철도운영자의 자기자금

㉡ 도시철도를 건설·운영하여 생긴 수익금

㉢ 도시철도채권의 발행

㉣ 국가 또는 지방자치단체로부터의 차입 및 보조

㉤ 국가 및 지방자치단체 외의 자(외국 정부 및 외국인을 포함한다)로부터의 차입·출자 및 기부

㉥ 역세권개발사업으로 생긴 수익금

㉦ 도시철도부대사업으로 발생하는 수익금

☑**ANSWER** 1.④ 2.① 3.③ 4.④ 5.②

6   도시철도법령상 도시철도의 건설 및 운영을 위하여 지방자치단체로부터 자금재원 및 조달받을 수 있는 방법은?

① 사채상환의 보증
② 지방세의 일부
③ 지방공기업의 수익금
④ 차입 및 보조

ADIVICE 국가 또는 지방자치단체로부터의 차입 및 보조로 자금의 재원 및 조달을 받을 수 있다〈도시철도법 제19조 제4호〉.

7   도시철도법령상 도시철도채권 발행과 관련하여 지방자치단체의 장이 행정안전부장관의 승인을 받고자 할 때 협의대상은?

① 지방의회
② 기획재정부장관
③ 국토교통부장관
④ 도시철도공사

ADIVICE 지방자치단체의 장은 도시철도채권을 발행하기 위하여 행정안전부장관의 승인을 받으려는 경우에는 미리 국토교통부장관과 협의하여야 한다〈도시철도법 제20조 제2항〉.

8   도시철도법령상 도시철도채권의 원금 및 이자의 소멸시효는? (상환일 부터 기산함)

① 3년
② 5년
③ 7년
④ 10년

ADIVICE 도시철도채권의 원금 및 이자의 소멸시효는 상환일부터 기산하여 5년으로 한다〈도시철도법 제20조 제4항〉.
※ **소멸시효** … 일정한 기간 동안 권리를 행사하지 않으면 그 권리가 소멸되는 법적제도를 말한다.

9 도시철도법령상 다음 (   ) 안에 포함되어야 할 사항으로 옳지 않은 것은?

> 국가가 도시철도채권을 발행하려면 국토교통부장관이 (   )의 사항을 명시하여 그 발행을 기획재정부장관에게 요청하여야 한다.

① 발행금액
② 발행기간
③ 발행조건
④ 상환방법 및 절차

> **ADVICE** 채권발행을 요청할 때 명시해야 할 사항〈도시철도법 시행령 제12조 제1항〉
> ㉠ 발행금액
> ㉡ 발행방법
> ㉢ 발행조건
> ㉣ 상환방법 및 절차
> ㉤ 그 밖에 도시철도채권의 발행을 위하여 필요한 사항

10 도시철도법령상 국가 · 지방자치단체 또는 도시철도공사가 도시철도채권을 발행할 때 공고해야 하는 사항으로 옳지 않은 것은?

① 발행총액
② 발행기간
③ 원금상환의 방법 및 시기
④ 발행조건

> **ADVICE** 도시철도채권을 발행할 때 공고해야 할 사항〈도시철도법 시행령 제12조 제2항〉.
> ㉠ 발행총액
> ㉡ 발행기간
> ㉢ 도시철도채권의 이율
> ㉣ 원금상환의 방법 및 시기
> ㉤ 이자지급의 방법 및 시기

11 도시철도법령상 기획재정부장관에게 채권발행을 요청할 때 명시해야 할 사항을 모두 고르면?

㉠ 발행금액	㉡ 발행기간
㉢ 발행조건	㉣ 상환방법 및 절차
㉤ 도시철도채권의 발행을 위하여 필요한 사항	㉥ 원금상환의 방법 및 시기

① ㉠㉡㉢㉣
② ㉠㉢㉣㉤
③ ㉡㉢㉣㉤㉥
④ ㉠㉡㉢㉣㉤㉥

ADIVICE ㉡㉥은 도시철도채권을 발행할 때 공고해야 할 사항이다〈도시철도법 시행령 제12조 제2항 제2호 및 제4호〉.
※ 채권발행을 요청할 때 명시해야 할 사항으로는 ㉠㉢㉣㉤외에 발행방법이 있다〈도시철도법 시행령 제12조 제1항〉.

12 도시철도법령상 도시철도채권을 도시철도공사가 발행할 경우 법이 정한 범위에서 이율을 정하는 기준은?

① 국토교통부장관의 승인을 받아 정하는 이율
② 해당 지방자치단체의 조례로 정하는 이율
③ 기획재정부장관이 국토교통부장관과 협의하여 정하는 이율
④ 관계 지방자치단체의 장과 협의하여 해당 도시철도공사의 규칙으로 정하는 이율

ADIVICE 도시철도채권을 도시철도공사가 발행하는 경우에는 법이 정한 범위에서 관계 지방자치단체의 장과 협의하여 해당 도시철도공사의 규칙으로 이율을 정한다〈도시철도법 시행령 제13조 제2항 제3호〉.

13 도시철도법령상 도시철도채권의 매입대상으로 옳지 않은 것은?

① 도시철도운영자와 도시철도 운영에 필요한 물품구매계약을 체결하는 자

② 이륜자동차를 국가나 지방자치단체에 등록하는 자

③ 지방자치단체 또는 공공기관과 건설도급계약을 체결하는 자

④ 국가나 지방자치단체로부터 면허를 받는 자

> **ADVICE** 도시철도채권의 매입대상〈도시철도법 제21조 제1항〉
> ㉠ 국가나 지방자치단체로부터 면허 · 허가 · 인가를 받는 자
> ㉡ 국가나 지방자치단체에 등기 · 등록을 신청하는 자. 다만, 자동차로서 국토교통부령으로 정하는 경형자동차(이륜자동차는 제외한다)의 등록을 신청하는 자는 제외한다.
> ㉢ 국가, 지방자치단체 또는 공공기관과 건설도급계약을 체결하는 자
> ㉣ 도시철도건설자 또는 도시철도운영자와 도시철도 건설 · 운영에 필요한 건설도급계약, 용역계약 또는 물품구매계약을 체결하는 자
> ※ 도시철도채권의 매입대상자 중 대통령령으로 정하는 자는 도시철도채권을 매입하여야 한다〈도시철도법 제21조 제1항〉.

14 도시철도법령상 도시철도채권의 매입금액과 절차 등에 관한 사항을 정하는 법령은?

① 대통령령

② 국토교통부장관령

③ 기획재정부장관령

④ 시 · 도의 조례

> **ADVICE** 도시철도채권의 매입 금액과 절차 등에 관하여 필요한 사항은 대통령령으로 정한다〈도시철도법 제21조 제2항〉.

15 도시철도법령상 지방자치단체가 도시철도채권을 발행할 때 이율을 정하는 방법은?

① 기획재정부장관이 국토교통부장관과 협의하여 정하는 이율

② 해당 지방자치단체의 조례로 정하는 이율

③ 관계 지방자치단체의 장과 협의하여 해당 도시철도공사의 규칙으로 정하는 이율

④ 행정안전부장관의 승인을 받아 정하는 이율

ADVICE 도시철도채권을 지방자치단체가 발행하는 경우에는 해당 지방자치단체의 조례로 이율을 정한다〈도시철도법 시행령 제13조 제2항 제2호〉.

16 도시철도법령상 다음 (   ) 안에 알맞은 것은?

> 국토교통부장관은 도시철도법 시행령 제14조 및 별표2에 따른 도시철도채권의 매입 대상 및 대상별 매입 금액에 대하여 2023년 1월 1일을 기준으로 (   )마다(매 3년이 되는 해의 기준일과 같은 날 전까지를 말한다) 그 타당성을 검토하여 개선 등의 조치를 해야 한다

① 1년   ② 2년

③ 3년   ④ 5년

ADVICE 규제의 재검토 … 국토교통부장관은 제14조 및 별표 2에 따른 도시철도채권의 매입 대상 및 대상별 매입 금액에 대하여 2023년 1월 1일을 기준으로 3년마다(매 3년이 되는 해의 기준일과 같은 날 전까지를 말한다) 그 타당성을 검토하여 개선 등의 조치를 해야 한다〈도시철도법 시행령 제29조〉.

17 도시철도법령상 도시철도채권의 사무취급기관에 대한 설명으로 옳지 않은 것은?

① 사무취급기관은 도시철도채권의 매출 및 상환업무를 담당한다.

② 도시철도채권의 매출 등은 전자적으로 처리할 수 있다.

③ 도시철도채권의 매입확인증 발급에 관한 사항은 사무취급기관이 정한다.

④ 국가가 발행하는 도시철도채권의 매출 및 상환업무의 사무취급기관은 「한국은행법」에 따른 다.

ADVICE ③ 도시철도채권의 매입확인증 발급에 관한 사항은 도시철도법 시행령으로 정한다〈도시철도법 시행령 제15조〉.
①④ 도시철도법 시행령 제15조 제1항
② 도시철도법 시행령 제15조 제7항

18 도시철도법령상 지방자치단체 및 도시철도공사가 발행하는 도시철도채권의 매출 및 상환업무를 담당하는 사무취급기관으로 옳지 않은 곳은?

① 해당 지방자치단체가 지정하는 농협

② 한국예탁결제원

③ 해당 지방자치단체가 지정하는 상호신용금고

④ 한국은행

> **ADIVICE** 지방자치단체 및 도시철도공사가 발행하는 도시철도채권의 매출 및 상환업무의 사무취급기관은 해당 지방자치단체가 지정하는 금융기관 또는 한국예탁결제원으로 한다〈도시철도법 시행령 제15조 제2항〉.
> ※ 금융기관 … 금융기관으로는 은행, 신탁회사, 보험회사, 농협, 수협, 증권회사, 상호신용금고 등이 있다.

19 도시철도법령상 도시철도채권을 매출할 때에 매입자에게 발급해 주는 것은?

① 채권매입증명서   ② 매입확인증

③ 도시철도채권증서   ④ 매입영수증

> **ADIVICE** 도시철도채권의 사무취급기관이 도시철도채권을 매출할 때에는 도시철도채권 매입확인증을 매입자에게 발급하여야 한다〈도시철도법 시행령 제15조 제3항〉.

20 도시철도법령상 도시철도채권의 사무취급기관이 매입확인증을 발급할 때의 준수사항으로 옳지 않은 것은?

① 매입확인증 발행대장을 갖추어 두어야 한다.

② 매입확인증 발급에 관한 사항을 적어야 한다.

③ 매입확인증을 재발급할 때에는 그 매입확인증에 재발급표시를 해야 한다.

④ 매입확인증을 분실한 경우에는 아무조건 없이 재발급할 수 있다.

> **ADIVICE** ④ 도시철도채권 매입자가 매입확인증을 멸실 또는 도난 등의 사유로 분실한 경우에 그 매입자가 해당 매입확인증을 매입한 목적에 사용하지 아니하였음을 해당 도시철도채권을 발행한 자가 확인한 경우에만 이를 재발급할 수 있다〈도시철도법 시행령 제15조 제5항〉.
> ①② 도시철도법 시행령 제15조 제4항
> ③ 도시철도법 시행령 제15조 제6항

☑ANSWER 15.② 16.③ 17.③ 18.④ 19.② 20.④

21 도시철도법령상 사무취급기관이 도시철도채권에 관하여 갖추어 두어야 하는 것은?

① 도시철도채권 발행원부
② 채권 매입확인증 사본
③ 도시철도채권 매입자의 목록
④ 도시철도채권 발행기관의 임원원부

> **ADIVICE** 도시철도채권 발행원부의 비치 … 사무취급기관은 도시철도채권 발행원부를 갖추어 두어야 한다〈도시철도법 시행령 제16조〉.

22 도시철도법령상 도시철도건설사업을 위한 정부의 지원에 대한 설명으로 옳지 않은 것은?

① 국가나 지방자치단체로부터 도시철도운송사업을 위탁받은 법인이 시행하는 도시철도건설사업을 위하여 소요자금의 일부를 융자할 수 있다.
② 지방자치단체는 정부의 지원을 받은 경우 도시철도기술의 발전을 위해 연구기관에 보조하거나 출연할 수 있다.
③ 민간기업이 시행하는 도시철도건설사업의 재정상 부담을 경감할 수 있도록 행정적 지원을 할 수 있다.
④ 도시철도운영자가 노후화된 도시철도차량을 교체하는 경우 필요한 소요자금의 일부를 보조할 수 있다.

> **ADIVICE** ③ 정부는 민자도시철도로 인한 지방자치단체의 재정상 부담을 경감할 수 있도록 행정적 지원을 할 수 있다〈도시철도법 제22조 제6항〉.
> ① 도시철도법 제22조 제2항
> ② 도시철도법 제22조 제4항
> ④ 도시철도법 제22조 제7항

23 도시철도법령상 다음 ㉠에 포함되지 않는 곳은?

> 정부는 도시철도기술의 발전을 위하여 도시철도기술을 연구하는 ㉠ 기관 또는 단체에 보조 등 재정적 지원을 할 수 있다

① 한국과학기술연구원
② 한국생산기술연구원
③ 한국기계연구원
④ 한국전자통신연구원

> **ADIVICE** 정부는 도시철도기술의 발전을 위하여 대통령령으로 정하는 도시철도기술을 연구하는 기관 또는 단체에 보조 등 재정적 지원을 할 수 있다〈도시철도법 제22조 제3항〉.
> ※ 대통령령으로 정하는 도시철도기술을 연구하는 기관 또는 단체란 도시철도기술연구기관을 말한다〈도시철도법 시행령 제17조〉.
> ※ ①의 한국과학기술연구원은 대통령령으로 정하는 도시철도기술을 연구하는 기관 또는 단체에 포함되지 않는다.

24 도시철도법령상 정부는 민자도시철도로 인한 지방자치단체의 재정상 부담을 경감하기 위해 어떤 지원을 할 수 있는가?

① 재정적 지원
② 기술적 지원
③ 행정적 지원
④ 법적 지원

ADVICE 정부는 민자도시철도로 인한 지방자치단체의 재정상 부담을 경감할 수 있도록 행정적 지원을 할 수 있다〈도시철도법 제22조 제6항〉.

25 도시철도법령상 보조금 또는 출연금의 지급신청에 대한 설명으로 옳지 않은 것은?

① 보조금이나 출연금의 지급은 기획재정부장관에게 신청한다.
② 기관, 법인 또는 단체가 보조금이나 출연금의 지급을 신청할 수 있다.
③ 보조금이나 출연금은 사업계획 및 예산집행계획이 타당하다고 인정하는 경우에 지급할 수 있다.
④ 보조금을 지급받고 회계연도가 끝났을 때에는 보조사업 실적보고서를 제출하여야 한다.

ADVICE ①② 기관, 법인 또는 단체가 보조금이나 출연금을 지급받으려면 출연금의 지급신청서를 지방자치단체의 장에게 제출하여야 한다〈도시철도법 시행령 제18조 제1항〉.
③ 도시철도법 시행령 제18조 제2항
④ 도시철도법 시행령 제18조 제3항

☑ **ANSWER** 21.① 22.③ 23.① 24.③ 25.①

26 도시철도법령상 다음 (　)에 해당하는 때로 볼 수 없는 것은?

> 보조금이나 출연금을 지급받은 기관 또는 단체가 (　)에 해당할 때에는 해당 보조사업 또는 출연사업의 실적을 적은 보고서를 작성하여 지방자치단체의 장에게 제출하여야 한다.

① 보조사업 또는 출연사업을 완료하였을 때
② 회계연도가 끝났을 때
③ 보조금이나 출연금을 추가 신청할 때
④ 보조사업 또는 출연사업의 폐지를 승인받았을 때

> **ADIVICE** 보조사업 또는 출연사업의 실적보고서를 제출해야 할 때〈도시철도법 시행령 제18조 제3항〉
> ㉠ 보조사업 또는 출연사업을 완료하였을 때
> ㉡ 보조사업 또는 출연사업의 폐지를 승인받았을 때
> ㉢ 회계연도가 끝났을 때

27 도시철도법령상 도시철도건설사업의 위탁에 관한 설명으로 옳지 않은 것은?

① 국가가 도시철도건설자인 경우에는 국토교통부장관의 승인을 받아야 한다.
② 도시철도건설자가 지방자치단체인 경우 도시철도건설사업을 위탁할 수 있다.
③ 지방자치단체인 도시철도건설자는 국토교통부장관의 승인을 받아야 한다.
④ 위탁에 필요한 사항은 대통령령으로 정한다.

> **ADIVICE** ①②③ 지방자치단체가 도시철도건설자인 경우에는 국토교통부장관의 승인을 받아야 한다〈도시철도법 제24조 제1항〉.
> ④ 도시철도법 제24조 제2항

28 도시철도법령상 국가나 지방자치단체가 도시철도건설자인 경우 도시철도건설사업을 위탁할 수 있는 대상으로 옳은 것은?

① 건설관련 기업　　　　　　　　　　② 법인
③ 외국인 기업　　　　　　　　　　　④ 비영리단체

ADVICE 국가나 지방자치단체가 도시철도건설자인 경우에는 도시철도건설사업을 법인에 위탁할 수 있다〈도시철도법 제24조 제1항〉.

29 도시철도법령상 도시철도 시설물의 귀속절차를 정하는 기준으로 옳은 것은?

① 대통령령
② 국토교통부
③ 지방자치단체의 조례
④ 해당 지방의회의 의결

ADVICE 도시철도 시설물의 귀속절차는 대통령령으로 정한다〈도시철도법 제24조 제4항〉.

30 도시철도법령상 지방자치단체가 도시철도건설사업을 위탁하려면 국토교통부장관의 승인을 받아야 한다. 이 때 필요한 절차로 옳지 않은 것은?

① 위탁받을 법인과 미리 협의해야 한다.
② 위탁의 내용과 기간 등 위탁사항을 명시한 위탁승인 신청서를 제출해야 한다.
③ 위탁받을 법인의 재무제표도 함께 제출해야 한다.
④ 위탁승인 신청서는 국토교통부장관에게 제출해야 한다.

ADVICE 지방자치단체인 도시철도건설자가 국토교통부장관의 승인을 받으려면 미리 위탁받을 법인과 협의한 후 위탁의 내용과 기간 등 위탁사항을 명시한 위탁승인 신청서를 국토교통부장관에게 제출하여야 한다〈도시철도법 시행령 제19조 제1항〉.

☑ANSWER　26.③　27.①　28.②　29.①　30.③

31 도시철도법령상 도시철도건설사업의 위탁과 승인에 대한 설명으로 옳지 않은 것은?

① 지방자치단체가 도시철도건설자인 경우에는 도시철도건설사업을 법인에 위탁할 수 있다.

② 지방자치단체인 도시철도건설자는 위탁승인을 받으려면 위탁승인 신청서를 국토교통부장관에게 제출하여야 한다.

③ 도시철도건설사업을 위탁받은 수탁법인은 도시철도건설사업을 시행하기 전에 도시철도건설사업 계획 등에 관한 사항을 국토교통부장관의 승인받아야 한다.

④ 국가나 지방자치단체는 건설사업수탁법인이 시행하는 도시철도건설사업에 대하여 필요한 지시를 할 수 있다.

ADIVICE ③ 도시철도건설사업을 위탁받은 수탁법인은 도시철도건설사업을 시행하기 전에 도시철도건설사업 계획, 도시철도시설의 설계 등 도시철도 건설에 관한 각종 설계, 도시철도 건설공사의 계약 및 관리·감독에 관한 사항에 대하여 도시철도건설사업을 위탁한 국가 또는 지방자치단체의 승인을 받아야 한다. 승인받은 사항을 변경하려는 경우에도 또한 같다〈도시철도법 시행령 제19조 제2항〉.
① 도시철도법 제24조 제1항
② 도시철도법 시행령 제19조 제1항
④ 도시철도법 시행령 제19조 제4항

32 도시철도법령상 국가 또는 지방자치단체에 귀속되는 도시철도 시설물의 목록을 작성해야 하는 기관은?

① 국토교통부   ② 지방자치단체
③ 건설사업수탁법인   ④ 도시철도공사

ADIVICE 건설사업수탁법인은 국가 또는 지방자치단체에 귀속되는 도시철도의 시설물의 목록을 작성하여 국가 또는 지방자치단체에 제출하여야 한다〈도시철도법 시행령 제20조 제1항〉.

CHAPTER
05 도시철도운송사업 등

1 도시철도법령상 도시철도운송사업의 사업구간이 인접한 시·도에 걸쳐있는 경우 면허를 줄 시·도지 사를 정하는 방법으로 옳은 것은?

① 국토교통부장관이 정한다.
② 대통령령으로 정한다.
③ 해당 시·도지사 간 협의에 따라 정한다.
④ 지방의회 간 협의를 통해 결정한다.

> **ADIVICE** 도시철도운송사업의 사업구간이 인접한 시·도에 걸쳐있는 경우에는 해당 시·도지사 간 협의에 따라 면허를 줄 시·도지사를 정하되 협의가 성립되지 아니한 경우에는 국토교통부장관이 조정할 수 있다〈도시철도법 제26조 제2항〉.

2 도시철도법령상 도시철도운송사업의 면허에 대한 설명으로 옳은 것은?

① 시·도지사는 도시철도운송사업 면허를 주기 전 국토교통부장관의 승인을 받아야 한다.
② 도시철도운송사업의 사업구간이 인접한 시·도에 걸쳐있을 때 협의가 성립되지 않으면 대통령이 정하는 바에 따라 조정할 수 있다.
③ 시·도지사는 면허를 줄 때 도시교통의 원활화와 이용자의 안전 및 편의를 위하여 필요한 조건을 붙일 수 있다.
④ 도시철도운송사업의 면허기준에는 해당 사업의 경제적 수익성이 포함된다.

> **ADIVICE** ③ 도시철도법 제26조 제4항
> ① 면허를 주기 전 국토교통부장관과 미리 협의하여야 한다〈도시철도법 제26조 제3항〉.
> ② 도시철도운송사업의 사업구간이 인접한 시·도에 걸쳐있는 경우에 협의가 성립되지 않으면 국토교통부장관이 조정할 수 있다〈도시철도법 제26조 제2항〉.
> ④ 도시철도운송사업의 면허기준에는 해당 사업이 도시교통의 수송수요에 적합하고 국토교통부령으로 정하는 기준에 맞으면 된다〈도시철도법 제27조〉.

☑ **ANSWER** 31.③ 32.③ / 1.③ 2.③

3 도시철도법령상 임원 중 도시철도운송사업 면허의 결격사유에 해당하지 않는 것은?

① 「도시철도법」 위반으로 금고 이상의 형을 선고받고 그 집행이 끝난 후 1년이 지난 사람

① 파산선고를 받고 복권되지 아니한 사람

① 피성년후견인 또는 피한정후견인

④ 「도시철도법」 위반으로 금고 이상의 형의 집행유예 중인 사람

> **ADIVICE** 도시철도법 위반하여 금고 이상의 실형을 선고받고 그 집행이 끝나거나(끝난 것으로 보는 경우를 포함한다) 면제된 날부터 2년이 지나지 아니한 사람이 결격사유에 해당한다〈도시철도법 제28조 제1항 제3호〉.
> ※ **법인임원에 대한 도시철도운송사업면허의 결격사유**〈도시철도법 제28조 제1항〉
> ㉠ 피성년후견인 또는 피한정후견인
> ㉡ 파산선고를 받고 복권되지 아니한 사람
> ㉢ 도시철도법 또는 대통령령으로 정하는 철도 및 도시철도 관계 법령을 위반하여 금고 이상의 실형을 선고받고 그 집행이 끝나거나(끝난 것으로 보는 경우를 포함한다) 면제된 날부터 2년이 지나지 아니한 사람
> ㉣ 도시철도법 또는 대통령령으로 정하는 철도 및 도시철도 관계 법령을 위반하여 금고 이상의 형의 집행유예를 선고받고 그 유예기간 중에 있는 사람

4 도시철도법령상 법인임원의 도시철도운송사업 면허 결격사유에서 정하는 철도 및 도시철도 관계법령으로 옳지 않은 것은?

① 지방공기업법   ② 국가철도공단법

③ 건널목 개량촉진법   ④ 도로교통법

> **ADIVICE** ④의 도로교통법은 철도 및 도시철도 관계법령(대통령령으로 정하는 철도 및 도시철도 관계 법령)에 포함되지 않는다〈도시철도법 시행령 제21조〉.

5 도시철도법령상 도시철도운송사업의 면허취소 후 면허취득 제한기간은?

① 1년   ② 2년

③ 3년   ④ 5년

> **ADIVICE** 도시철도법에 따라 도시철도운송사업의 면허가 취소된 후 그 취소일부터 2년이 지나지 아니한 법인은 도시철도운송사업의 면허를 받을 수 없다〈도시철도법 제28조 제2항〉.

6 도시철도법령상 도시철도부대사업의 승인에 대한 설명으로 옳지 않은 것은?

① 시·도지사의 승인을 받아 도시철도부대사업을 할 수 있다.
② 도시철도부대사업의 승인·절차에 필요한 사항은 대통령령으로 정한다.
③ 도시철도의 건설에 드는 비용을 충당하기 위해 도시철도부대사업을 할 수 있다.
④ 도시철도부대사업은 도시철도운영자가 할 수 있다.

> **ADVICE** 도시철도부대사업의 승인〈도시철도법 제28조의2〉
> ㉠ 도시철도운영자는 도시철도의 건설 및 운영에 드는 자금을 충당하기 위하여 시·도지사의 승인을 받아 도시철도
>   부대사업을 할 수 있다.
> ㉡ 도시철도부대사업의 승인·절차 등에 필요한 사항은 국토교통부령으로 정한다.

7 도시철도법령상 도시철도운송사업자가 운송을 개시해야 하는 기간으로 옳은 것은?

① 국토교통부장관이 지정하는 기간 내
② 도시철도공사의 정관에서 정한 날짜
③ 지방의회에서 지정하는 기간 내
④ 시·도지사가 정하는 날짜

> **ADVICE** 도시철도운송사업자는 시·도지사가 정하는 날짜 또는 기간 내에 운송을 개시하여야 한다〈도시철도법 제30조 제1항〉.

8 도시철도법령상 도시철도운송사업자가 운임을 정하거나 변경할 때 고려해야 할 사항으로 적절하지 않은 것은?

① 도시철도건설 초기비용의 원가
② 버스운임과의 형평성
③ 원가(原價)
④ 다른 교통수단 운임과의 형평성

> **ADVICE** 도시철도운송사업자는 도시철도의 운임을 정하거나 변경할 경우에는 원가와 버스 등 다른 교통수단 운임과의 형평성
> 등을 고려하여 시·도지사가 정한 범위에서 운임을 정하여야 한다〈도시철도법 제31조 제1항〉.

☑ **ANSWER** 3.① 4.④ 5.② 6.② 7.④ 8.①

9 도시철도법령상 운임을 정하거나 변경할 때의 신고절차로 옳지 않은 것은?

① 도시철도운송사업자가 도시철도의 운임을 변경한다.

② 시 · 도지사가 정한 범위에서 운임을 변경해야 한다.

③ 변경될 운임이 정해지면 시 · 도지사에게 신고해야 한다.

④ 국토교통장관은 변경내용을 검토한 후 도시철도법에 적합하면 신고를 수리하여야 한다.

> **ADIVICE** 운임을 정하거나 변경할 때의 신고절차〈도시철도법 제31조 제1항〉
> ㉠ 도시철도운송사업자는 도시철도의 운임을 정하거나 변경한다.
> ㉡ 원가와 버스 등 다른 교통수단 운임과의 형평성 등을 고려하여 시 · 도지사가 정한 범위에서 운임을 정하여 시 · 도지사에게 신고하여야 한다.
> ㉢ 신고를 받은 시 · 도지사는 그 내용을 검토하여 도시철도법에 적합하면 신고를 받은 날부터 국토교통부령으로 정하는 기간 이내에 신고를 수리하여야 한다.

10 도시철도법령상 도시철도의 운임에 대한 설명으로 옳지 않은 것은?

① 도시철도의 운임은 도시철도운송사업자가 정한다.

② 시 · 도지사는 도시철도의 운임으로 도시철도 이용자에게 불편을 주지 않도록 필요한 조치를 해야 한다

③ 운임조정위원회로 하여금 도시철도 운임범위에 관한 의견을 들어야 한다.

④ 시 · 도지사는 운임신고를 받으면 신고 받은 사항을 국가의 담당 중앙부처에 통보하여야 한다.

> **ADIVICE** ② 도시철도운영자는 도시철도의 운임을 정하거나 변경하는 경우 도시철도 이용자에게 불편이 없도록 필요한 조치를 하여야 한다〈도시철도법 제31조 제2항〉.
> ① 도시철도법 제31조 제1항
> ③ 도시철도법 시행령 제22조 제1항
> ④ 도시철도법 시행령 제22조 제4항

11 도시철도법령상 시 · 도지사가 도시철도 운임의 범위를 정할 때 의견을 들어야 하는 기구는?

① 교통정책위원회   ② 도시철도운임위원회

③ 운임조정위원회   ④ 대도시권광역교통위원회

> **ADIVICE** 시 · 도지사는 도시철도 운임의 범위를 정하려면 해당 시 · 도에 운임조정위원회를 설치하여 도시철도 운임의 범위에 관한 의견을 들어야 한다〈도시철도법 시행령 제22조 제1항〉.

12 도시철도법령상 도시철도를 한국철도공사와 연결하여 운행하고자 할 때 운임신고를 하기 전에 협의해야 할 사항으로 옳은 것은?

① 운임 및 시행시기　　　　　　　　　② 도시철도 노선의 길이
③ 도시철도 차량의 종류　　　　　　　④ 운행 시간표

> **ADIVICE** 도시철도운송사업자가 해당 도시철도를 한국철도공사가 운영하는 철도 또는 다른 도시철도운영자가 운영하는 도시철도와 연결하여 운행하려는 경우에는 도시철도의 운임을 신고하기 전에 그 운임 및 시행 시기에 관하여 미리 한국철도공사 또는 다른 도시철도운영자와 협의하여야 한다〈도시철도법 시행령 제22조 제3항〉.

13 철도법령상 시·도지사가 운임의 신고를 받은 후에 그 사항을 통보해야 하는 기관은?

① 해당 지방자치단체장 및 지방의회
② 국토교통부장관 및 도시철도공사
③ 도시철도공사 및 한국철도공사
④ 기획재정부장관 및 국토교통부장관

> **ADIVICE** 시·도지사는 운임의 신고를 받으면 신고받은 사항을 기획재정부장관 및 국토교통부장관에게 각각 통보하여야 한다〈도시철도법 시행령 제22조 제4항〉.

14 도시철도법령상 도시철도운송사업계획의 변경신고를 접수받은 시·도지사가 제일 먼저 취해야할 조치로 적절한 것은?

① 지체 없이 국토교통부장관에게 신고승인여부에 대한 요청을 해야 한다.
② 신고내용을 검토하여 도시철도법에 적합한지의 여부를 검토한다.
③ 신고수리기한을 검토하여 국토교통장관에게 통보한다.
④ 도시철도운송사업자에게 신고신청서에 첨부해야 할 서류의 제출을 요구한다.

> **ADIVICE** 신고를 받은 시·도지사는 그 내용을 검토하여 도시철도법에 적합하면 신고를 받은 날부터 국토교통부령으로 정하는 기간 이내에 신고를 수리하여야 한다〈도시철도법 제33조 제1항〉.

☑**ANSWER**　9.④　10.②　11.③　12.①　13.④　14.②

15 도시철도법령상 도시철도운영자가 철도사업자와 연계운송을 할 경우에 당사자 간의 협의로 결정해야 하는 사항으로 옳지 않은 것은?

① 운임수입의 배분   ② 도시철도시설 운영의 분담

③ 갈아타는 승객의 분산에 관한 사항   ④ 노선의 연결

> **ADVICE** 연계운송에 대하여 당사자 간의 협의로 결정해야 할 사항〈도시철도법 제34조 제1항〉
>   ㉠ 노선의 연결
>   ㉡ 도시철도시설 운영의 분담
>   ㉢ 운임수입의 배분
>   ㉣ 승객의 갈아타기 등에 관한 사항

16 도시철도법령상 연계운송에 대한 협의가 성립되지 않거나 협의결과를 해석하는 데 분쟁이 발생할 경우의 결정권자는?

① 국토교통부장관

② 지방자치단체의 장

③ 시 · 도지사 및 시 · 군 · 구청장

④ 국가교통위원회

> **ADVICE** 연계운송에 관한 협의가 성립되지 않거나 협의결과를 해석하는 데 분쟁이 있을 때에는 당사자의 신청을 받아 국토교통부장관이 결정한다〈도시철도법 제34조 제2항〉.

17 도시철도법령상 다음 ( ) 안에 알맞은 것으로 옳은 것을 고르면?

> 운임수입의 배분과 관련되는 모든 사항에 대하여 도시철도운영자 및 철도사업자가 동의하는 경우에는 1회에 한하여 ( )의 범위에서 그 기간을 연장할 수 있다.

① 3개월   ② 6개월

③ 9개월   ④ 1년

> **ADVICE** 운임수입의 배분과 관련되는 모든 도시철도운영자 및 철도사업자가 동의하는 경우에는 1회에 한하여 6개월의 범위에서 그 기간을 연장할 수 있다〈도시철도법 제34조 제3항〉.

18 도시철도법령상 연락운송에 있어서 이자를 가산하여 지급해야 하는 기간으로 옳은 것은?

① 협의를 완료된 날에서 30일이 경과한 날부터 운임수입을 배분하는 날까지
② 국토교통부장관이 신청을 받은 날에서 30일이 경과한 날부터 운임수입을 배분하는 날까지
③ 협의를 시작한 날에서 30일이 경과한 날부터 운임수입을 배분하는 날까지
④ 국토교통부장관이 신청을 받은 날과 협의를 완료된 날에서 30일이 경과한 날부터 운임수입을 배분하는 날까지

> **ADIVICE** 도시철도운영자 또는 철도사업자가 운임수입을 배분하는 경우에는 협의가 완료된 날(국토교통부장관이 운임수입의 배분을 결정한 경우에는 그 결정이 있는 날)에서 30일이 경과한 날부터 운임수입을 배분하는 날까지의 기간에 대하여 배분하여야 하는 운임수입에 대한 이자를 가산하여 지급하여야 한다〈도시철도법 제34조 제4항〉.

19 도시철도법령상 도시철도운송사업의 양도·양수·합병에 대한 설명으로 옳지 않은 것은?

① 도시철도운송사업을 양도·양수·합병할 경우에는 국토교통부장관의 인가를 받아야 한다.
② 인가를 하려면 국토교통부장관과 시·도지사가 미리 협의하여야 한다.
③ 합병으로 설립되거나 존속하는 법인은 합병으로 소멸되는 법인의 도시철도운송사업자로서의 지위를 승계한다.
④ 인가완료 후에는 도시철도운송사업을 양수한 자가 도시철도운송사업자로서의 지위를 승계한다.

> **ADIVICE** ① 도시철도운송사업자가 도시철도운송사업을 양도·양수하거나 합병하려는 경우에는 시·도지사의 인가를 받아야 한다〈도시철도법 제35조 제1항〉.
> ② 도시철도법 제35조 제2항
> ③④ 도시철도법 제35조 제3항

....
☑ **ANSWER** 15.③ 16.① 17.② 18.① 19.①

05. 도시철도운송사업 등 **123**

20 도시철도법령상 도시철도운송사업자가 휴업할 수 있는 최대기간은?

① 3개월

② 6개월

③ 9개월

④ 12개월

> **ADIVICE** 사업의 휴업기간은 6개월을 넘지 못한다. 다만, 선로 또는 교량의 파괴, 도시철도시설의 개량, 그 밖의 정당한 사유로 인한 휴업의 경우에는 해당 사유가 소멸할 때까지 휴업할 수 있다〈도시철도법 제36조 제3항〉.

21 도시철도법령상 도시철도운송사업의 전부 또는 일부를 휴업 또는 폐업할 경우에 일반인에게 알릴 수 있는 방법으로 옳은 것은?

① 해당 지역에서 발간되는 일간신문에 공고

② 인터넷 홈페이지와 역 · 영업소 등에 게시

③ 즉시 관보에 고시

④ 해당 지방자치단체의 공보에 공고

> **ADIVICE** 도시철도운영자는 도시철도운송사업의 전부 또는 일부를 휴업 또는 폐업하려는 경우에는 대통령령으로 정하는 바에 따라 휴업 또는 폐업하는 사업의 내용과 기간 등을 인터넷 홈페이지, 역 등 일반인이 보기 쉬운 곳에 게시하여야 한다〈도시철도법 제36조 제5항〉.

22 도시철도법령상 사업의 휴업 · 폐업 허가를 받은 경우 그 사실을 게시해야 하는 시기로 옳은 것은? (휴업 또는 폐업 시작일 기준)

① 즉시 게시

② 3일 이전

③ 5일 이전

④ 7일 이전

> **ADIVICE** 도시철도운송사업자는 휴업 또는 폐업의 허가를 받은 경우에는 휴업 또는 폐업 시작일 5일 이전에 일반인이 보기 쉬운 곳에 게시하여야 한다〈도시철도법 시행령 제23조〉.

23 도시철도법령상 다음 (   ) 안에 알맞은 것은?

> 도시철도운송사업가 휴업을 신고하는 경우에는 해당 휴업사유가 발생하였을 때에 (   ) 게시하여야
> 한다.

① 즉시

② 3일 전에

③ 5일 전에

④ 7일 전에

ADIVICE 휴업을 신고하는 경우에는 해당 휴업 사유가 발생하였을 때에 즉시 게시하여야 한다〈도시철도법 시행령 제23조〉.

도시철도운송사업의 면허취소 및 과징금

1 도시철도법령상 도시철도운송사업의 면허를 최소해야 하는 경우는?

① 도시철도운송사업의 면허기준을 위반한 경우
② 인가를 받지 아니하고 양도 · 양수하거나 합병한 경우
③ 거짓이나 그 밖의 부정한 방법으로 도시철도운송사업 면허를 받은 경우
④ 도시철도차량에 폐쇄회로텔레비전을 설치하지 아니한 경우

ADVICE ①②④의 경우에는 시 · 도지사가 도시철도운송사업자의 면허를 취소하거나 6개월 이내의 기간을 정하여 사업정지를
명할 수 있다〈도시철도법 제37조 제1항〉.

2 도시철도법령상 다음에 해당하는 경우의 면허취소 · 정지에 대한 설명으로 옳은 것은?

> 도시철도운송사업자가 결격사유에 해당하는 경우

① 사업정지를 3개월 이내의 기간을 정하여 명할 수 있다.
② 법인의 임원중에 결격사유에 해당하는 사람이 있는 경우에는 면허정지 및 취소대상이 아니다.
③ 시 · 도지사가 청문을 거친 후 반드시 면허취소를 하여야 한다.
④ 면허를 취소하거나 사업의 정지를 명할 수 있다.

ADVICE 도시철도운송사업자가 결격사유에 해당하는 경우에는 면허를 취소하거나 6개월 이내의 기간을 정하여 그 사업의 정지
를 명할 수 있다〈도시철도법 제37조 제1항 제3호〉.
※ **면허를 취소하거나 6개월 이내의 기간을 정하여 사업정지를 명해야 하는 경우〈도시철도법 제37조 제1항〉**
  ㉠ 거짓이나 그 밖의 부정한 방법으로 도시철도운송사업 면허를 받은 경우
  ㉡ 도시철도운송사업의 면허기준을 위반한 경우
  ㉢ 도시철도운송사업자가 결격사유에 해당하는 경우. 다만, 법인의 임원중에 그 사유에 해당하는 사람이 있는 경
  우로서 3개월 이내에 그 임원을 개임(改任)하였을 때에는 제외한다.

ⓔ 시 · 도지사가 정한 날짜 또는 기간 내에 운송을 개시하지 아니한 경우

ⓜ 인가를 받지 아니하고 양도 · 양수하거나 합병한 경우

ⓗ 허가를 받지 아니하거나 신고를 하지 아니하고 도시철도운송사업을 휴업 또는 폐업하거나 휴업기간이 지난 후에도 도시철도운송사업을 재개하지 아니한 경우

ⓢ 사업개선명령을 따르지 아니한 경우

ⓞ 도시철도차량에 폐쇄회로텔레비전을 설치하지 아니한 경우

ⓩ 사업경영의 불확실 또는 자산상태의 현저한 불량이나 그 밖의 사유로 사업을 계속함이 적합하지 아니한 경우

※ **면허를 취소해야 하는 경우** … 거짓이나 그 밖의 부정한 방법으로 도시철도운송사업 면허를 받은 경우

3 도시철도법령상 과징금의 부과권자는?

① 국토교통부장관

② 행정안전부장관

③ 시 · 도시자

④ 경찰청장

ADIVICE 시 · 도지사는 도시철도운송사업자 사업정지처분을 갈음하여 과징금을 부과할 수 있다〈도시철도법 제38조 제1항〉.

4 도시철도법령상 도시철도운송사업자가 사업정지처분을 대신하여 부과 받을 수 있는 과징금의 최고 금액은?

① 1천만 원

② 2천만 원

③ 3천만 원

④ 5천만 원

ADIVICE 대통령령으로 정하는 바에 따라 사업정지처분을 갈음하여 2천만 원 이하의 과징금을 부과할 수 있다〈도시철도법 제38조 제1항〉.

☑ANSWER 1.③ 2.④ 3.③ 4.②

5 도시철도법령상 징수한 과징금을 사용할 수 있는 용도로 옳지 않은 것은?

① 도시철도 이용자의 서비스 개선사업

② 도시철도 기술의 연구개발

③ 도시철도 관련 시설의 확충 및 정비

④ 도시철도 관련 지방세 체납처분의 비용

> **ADIVICE** 징수한 과징금의 사용할 수 있는 용도〈도시철도법 제38조 제3항〉
> ㉠ 도시철도 관련 시설의 확충 및 정비
> ㉡ 도시철도기술의 연구개발
> ㉢ 도시철도 이용자의 서비스 개선사업
> ㉣ 도시철도종사자의 양성·교육훈련이나 그 밖에 자질 향상을 위한 교육훈련시설의 건설 및 운영
> ㉤ 도시철도운송사업의 경영개선이나 그 밖에 도시철도운송사업의 발전을 위하여 필요한 사항

6 도시철도법령상 징수한 과징금을 사용할 수 있는 범위로 옳지 않은 것은?

① 도시철도종사자의 자질향상을 위한 교육훈련시설의 건설 및 운영

② 도시철도운송사업의 발전·경영개선을 위하여 필요할 경우

③ 도시철도차량의 연구개발

④ 도시철도종사자의 양성·교육훈련

> **ADIVICE** ③ 도시철도기술의 연구개발의 용도로 사용할 수 있다〈도시철도법 제38조 제3항 제2호〉.
> ※ ①②④ 외에 도시철도 관련 시설의 확충 및 정비, 도시철도 이용자의 서비스 개선사업, 도시철도운송사업의 발전을 위하여 필요한 사항 등에 징수금을 사용할 수 있다〈도시철도법 제38조 제3항〉.

7 도시철도법령상 다음에 해당하는 경우의 과징금부과 금액으로 옳은 것은?

> 법인의 임원중에 결격사유에 해당하는 사람이 있는 경우로서 3개월 이내에 그 임원을 개임하였을 경우

① 없다.

② 100만 원

③ 300만 원

④ 500만 원

> **ADIVICE** 도시철도운송사업자가 결격사유에 해당하는 경우. 다만, 법인의 임원중에 그 사유에 해당하는 사람이 있는 경우로서 3개월 이내에 그 임원을 개임하였을 때에는 제외한다〈시행령 제24조 제1항 별표3 제2호〉.

8 도시철도법령상 다음의 위반행위 중 과징금부과 금액이 다른 하나는?

① 허가를 받지 않고 도시철도운송사업을 휴업한 경우
② 시·도지사가 정한 날짜 또는 기간 내에 운송을 개시하지 않은 경우
③ 도시철도운송사업자가 결격사유에 해당하는 경우
④ 휴업기간이 지난 후에도 도시철도운송사업을 재개하지 않은 경우

ADIVICE ②의 위반행위는 300만 원의 과징금을 부과한다〈시행령 제24조 제1항 별표3 제3호〉.
　　　※ ①③④의 위반행위는 500만 원에 해당하는 과징금부과 대상이다〈시행령 제24조 제1항 별표3〉.

9 도시철도법령상 다음의 경우를 위반한 경우에 해당하는 과징금은?

> 사업경영의 불확실 또는 자산상태의 현저한 불량이나 그 밖의 사유로 사업을 계속함이 적합하지 않은 경우에 해당된다.

① 100만 원
② 200만 원
③ 300만 원
④ 500만 원

ADIVICE 위의 위반행위는 500만 원에 해당하는 과징금부과대상이다〈시행령 제24조 제1항 별표3 제7호〉.
　　　※ **500만 원의 과징금 부과대상의 위반행위**〈시행령 제24조 제1항 별표3〉
　　　　　㉠ 도시철도운송사업의 면허기준을 위반한 경우
　　　　　㉡ 도시철도운송사업자가 결격사유에 해당하는 경우. 다만, 법인의 임원중에 그 사유에 해당하는 사람이 있는 경우로서 3개월 이내에 그 임원을 개임하였을 때에는 제외한다.
　　　　　㉢ 허가를 받지 않거나 신고를 하지 않고 도시철도운송사업을 휴업하거나 휴업기간이 지난 후에도 도시철도운송사업을 재개하지 않은 경우
　　　　　㉣ 사업경영의 불확실 또는 자산상태의 현저한 불량이나 그 밖의 사유로 사업을 계속함이 적합하지 않은 경우

10 도시철도법령상 과징금의 금액을 50%의 범위에서 늘리거나 줄이고자 할 때 고려해야 할 사항으로 옳지 않은 것은?

① 사업지역의 특수성
② 위반행위의 정도 및 횟수
③ 도시철도운송사업자 형평성
④ 사업의 규모

> **ADIVICE** 시 · 도지사는 사업의 규모, 사업지역의 특수성, 위반행위의 정도 및 횟수 등을 고려하여 과징금의 금액을 2분의 1 범위에서 늘리거나 줄일 수 있다〈도시철도법 시행령 제24조 제2항〉.

11 도시철도법령상 과징금을 부과할 때 서면으로 명시해야 하는 사항으로 옳지 않은 것은?

① 위반행위의 종류
② 해당 과징금의 금액
③ 과징금의 용도
④ 과징금을 낼 것을 요구하는 내용

> **ADIVICE** ③ 시 · 도지사는 과징금을 부과하려면 그 위반행위의 종류와 해당 과징금의 금액을 명시하여 이를 낼 것을 서면으로 알려야 한다〈도시철도법 시행령 제24조 제3항〉.

12 도시철도법령상 과징금을 부과받은 자가 과징금을 납부해야 하는 기한은? (통지받은 날을 기준으로 함)

① 10일 이내
② 20일 이내
③ 30일 이내
④ 40일 이내

> **ADIVICE** 과징금부과 통지를 받은 자는 통지를 받은 날부터 20일 이내에 시 · 도지사가 정하는 수납기관에 과징금을 내야 한다〈도시철도법 시행령 제24조 제4항〉.

13 도시철도법령상 시·도지사가 도시철도운송사업자에게 명할 수 있는 사항으로 옳지 않은 것은?

① 도시철도운송약관의 변경

② 도시철도차량의 운영시간 단축

③ 안전운송의 확보 및 서비스 향상을 위한 조치

④ 도시철도 사고에 관한 손해배상을 위한 보험가입

ADIVICE ②의 도시철도차량의 운영시간 단축은 시·도지사가 도시철도운송사업자에게 명할 수 있는 사항에 포함되지 않는다
〈도시철도법 제39조〉.

14 도시철도법령상 사업개선명령을 할 수 있는 사항으로 옳지 않은 것은?

① 도시철도차량이나 그 밖의 시설의 개선

② 도시철도 노선의 연락운송

③ 도시철도 운임의 조정

④ 도시철도사업계획의 변경

ADIVICE ④ 도시철도운송사업계획의 변경이 사업개선명령을 할 수 있는 사항이다〈도시철도법 제39조 제1호〉.

※ 시·도지사가 사업개선명령을 할 수 있는 사항〈도시철도법 제39조〉

　　㉠ 도시철도운송사업계획 및 도시철도운송약관의 변경

　　㉡ 운임의 조정

　　㉢ 도시철도차량이나 그 밖의 시설의 개선

　　㉣ 도시철도 노선의 연락운송

　　㉤ 도시철도차량 및 도시철도 사고에 관한 손해배상을 위한 보험에의 가입

　　㉥ 안전운송의 확보 및 서비스의 향상을 위하여 필요한 조치

　　㉦ 도시철도종사자의 양성 및 자질 향상을 위한 교육

☑**ANSWER** 10.③ 11.③ 12.② 13.② 14.④

15 도시철도법령상 다음 (　　) 안에 알맞은 것은?

> 도시철도운영자는 타인에게 자신의 (㉠)를 사용하여 도시철도운송사업을 (㉡)하게 하여서는 아니된다.

① ㉠ – 상호　㉡ – 경영
② ㉠ – 명의　㉡ – 양도
③ ㉠ – 명의　㉡ – 합병
④ ㉠ – 상호　㉡ – 휴업

ADIVICE 명의대여의 금지 … 도시철도운영자는 타인에게 자신의 상호를 사용하여 도시철도운송사업을 경영하게 하여서는 아니된다〈도시철도법 제40조〉.

16 도시철도법령상 도시철도차량에 폐쇄회로텔레비전을 설치하는 목적으로 옳은 것은?

① 승객의 안전한 승하차 보장
② 차량 내 광고효과의 증대
③ 범죄예방 및 교통사고 상황파악
④ 승객에게 편리한 정보의 제공

ADIVICE 도시철도운영자는 범죄예방 및 교통사고 상황파악을 위하여 도시철도차량에 대통령령으로 정하는 기준에 따라 폐쇄회로텔레비전을 설치하여야 한다〈도시철도법 제41조 제1항〉.

17 도시철도법령상 폐쇄회로 텔레비전으로 촬영한 영상기록을 이용하거나 다른 자에게 제공할 수 있는 경우로 옳지 않은 것은?

① 법원의 재판업무수행에 필요한 경우
② 도시철도 이용승객의 혼잡여부를 파악하기 위해 필요한 경우
③ 범죄수사와 공소제기에 필요한 경우
④ 범죄예방을 위해 필요한 경우

ADIVICE 폐쇄회로 텔레비전으로 촬영한 영상기록을 이용하거나 다른 자에게 제공할 수 있는 경우〈도시철도법 제41조 제4항〉.
㉠ 범죄예방 및 교통사고 상황파악을 위하여 필요한 경우
㉡ 범죄의 수사와 공소의 제기 및 유지에 필요한 경우
㉢ 법원의 재판업무수행을 위하여 필요한 경우

18 도시철도법령상 폐쇄회로텔레비전의 설치기준으로 옳지 않은 것은?

① 도시철도시설의 색상과 구별될 수 있는 색상으로 설치할 것
② 해상도는 범죄예방 및 교통사고 상황파악에 지장이 없도록 할 것
③ 해당 도시철도차량 내에 사각지대가 없도록 설치할 것
④ 도시철도를 이용하는 승객 누구나 쉽게 인식할 수 있는 위치에 설치할 것

> **ADIVICE** 폐쇄회로텔레비전의 설치기준〈도시철도법 시행령 제25조〉
> ㉠ 해당 도시철도차량 내에 사각지대가 없도록 설치할 것
> ㉡ 해상도는 범죄예방 및 교통사고 상황파악에 지장이 없도록 할 것
> ㉢ 도시철도를 이용하는 승객 누구나 쉽게 인식할 수 있는 위치에 설치할 것

19 도시철도법령상 도시철도차량 내에 설치하는 CCTV의 안내판에 표기해야 하는 글자는?

① 한글
② 한글과 영문
③ 한글과 일어
④ 한글과 중국어

> **ADIVICE** 안내판을 설치할 경우에 안내판에는 한글과 영문을 함께 표기하여야 한다〈도시철도법 시행령 제26조 제1항〉.

20 도시철도법령상 다음에서 안내판설치 시 포함해야 할 사항을 모두 고르면?

㉠ 촬영시간	㉡ 설치목적
㉢ 설치장소	㉣ 도시철도운영자가 필요하다고 인정하는 사항

① ㉠㉡
② ㉢㉣
③ ㉠㉡㉢
④ ㉠㉡㉢㉣

> **ADIVICE** 안내판설치 시 포함해야 할 사항으로는 ㉠㉡㉢㉣ 외에 촬영범위, 담당부서, 책임자 및 연락처 등이 있다〈도시철도법 시행령 제26조 제1항〉.

☑ **ANSWER** 15.① 16.③ 17.② 18.① 19.② 20.④

21 도시철도법령상 도시철도차량 내 폐쇄회로텔레비전의 설치할 때 안내판에 포함해야 할 사항으로 옳지 않은 것은?

① 촬영범위
② 담당부서
③ 제조업체
④ 책임자 및 연락처

> **ADIVICE** 안내판설치 시 포함해야 할 사항〈도시철도법 시행령 제26조 제1항〉
> ㉠ 설치목적
> ㉡ 설치장소
> ㉢ 촬영범위
> ㉣ 촬영시간
> ㉤ 담당부서, 책임자 및 연락처
> ㉥ 도시철도운영자가 필요하다고 인정하는 사항

22 도시철도법령상 도시철도차량에 폐쇄회로텔레비전이 설치되었다는 사실을 알려야 하는 방법은?

① 역 또는 영업소에 게시
② 안내판
③ 승차권에 기재
④ 안내방송

> **ADIVICE** 도시철도운영자는 도시철도차량에 폐쇄회로텔레비전이 설치되었다는 사실을 주기적인 안내방송 등을 통하여 승객에게 알려야 한다〈도시철도법 시행령 제26조 제2항〉.

23 도시철도법령상 도시철도운송사업의 위탁에 대한 설명으로 옳지 않은 것은?

① 지방자치단체는 운송사업수탁법인이 시행하는 도시철도운송사업에 대하여 지시를 할 수 있다.
② 도시철도차량의 정비 및 열차의 운행관리 사업을 위탁받은 법인은 국토교통부에 허가를 받아야 한다.
③ 도시철도운송사업을 위탁하는 경우에는 그 사실을 국토교통부장관에게 통보하여야 한다.
④ 도시철도시설을 이용한 여객 및 화물 운송 사업을 위탁받은 법인은 도시철도운송사업 면허를 받아야 한다.

> **ADIVICE** ②④ 도시철도시설을 이용한 여객 및 화물 운송, 도시철도차량의 정비 및 열차의 운행 관리의 사업을 위탁받은 법인은 도시철도운송사업 면허를 받아야 한다〈도시철도법 제42조 제2항〉.
> ① 도시철도법 시행령 제27조 제3항
> ③ 도시철도법 시행령 제27조 제1항

24 도시철도법령상 도시철도종사자의 준수사항을 준용하고 있는 법률은?

① 철도산업발전기본법　　　　　　② 한국철도공사법

③ 철도사업법　　　　　　　　　　④ 도시철도공사법

ADIVICE 「철도사업법」 제22조(철도운수종사자의 준수사항)의 규정을 준용한다〈도시철도법 제43조 제1항〉.

CHAPTER

07 보칙 및 벌칙

1 도시철도법령상 시 · 도지사가 감독 및 명령을 할 수 있는 대상은?

① 모든 도시철도운영자

② 지방자치단체 소속의 도시철도건설자

③ 도시철도공사가 아닌 도시철도운영자

④ 국토교통부장관이 감독하는 도시철도운영자

> **ADIVICE** 시 · 도지사는 국가 · 지방자치단체나 도시철도공사가 아닌 도시철도운영자에 대해 감독 및 명령을 할 수 있다〈도시철도법 제44조 제3항〉.

2 도시철도법령상 보고 및 검사에 대한 설명으로 옳지 않은 것은?

① 국토교통부장관은 소속 공무원에게 도시철도운영자의 사무소에 출입하여 필요한 물건을 검사하게 할 수 있다.

② 공무원이 사무소에 출입하여 검사할 때에는 권한을 표시하는 증표를 관계인에게 보여주어야 한다.

③ 국토교통부장관은 지방자치단체의 도시철도건설자 및 도시철도운영자를 검사할 수 있다.

④ 보고 및 검사는 국토교통부장관의 허가를 받아 시 · 도지사가 시행한다.

> **ADIVICE** ④ 시 · 도지사는 도시철도건설자 및 도시철도운영자로 하여금 보고하게 하거나 검사할 수 있다〈도시철도법 제45조 제2항〉.
> ① 도시철도법 제45조 제1항
> ② 도시철도법 제45조 제3항
> ③ 도시철도법 제45조 제3항

3 도시철도법령상 국토교통부장관의 권한을 위임할 수 있는 대상으로 옳은 것은?

① 국가교통위원장
② 대도시권광역교통위원장
③ 국회소관상임위원장
④ 철도산업위원장

> **ADIVICE** 권한의 위임 … 도시철도법에 따른 국토교통부장관의 권한의 일부를 대도시권광역교통위원장 또는 시 · 도지사에게 위임할 수 있다〈도시철도법 제46조〉.

4 도시철도법령상 국토교통부장관이 대도시권광역교통위원회에게 사업계획에 관한을 위임할 수 없는 업무는?

① 사업계획의 변경승인
② 기본계획 중 사업기간 또는 사업비에 관한 사항의 변경
③ 사업계획의 승인 후 관보에 고시
④ 사업계획의 승인

> **ADIVICE** 국토교통부장관이 대도시권광역교통위원회에게 위임하는 권한 중 사업계획에 관한 업무〈도시철도법 시행령 제28조 제1항 제2호〉
> ㉠ 사업계획의 승인 및 변경승인
> ㉡ 사업계획의 승인 후 관보에 고시(시 · 도지사에게 위임한 권한은 제외한다)

☑ **ANSWER** 1.③ 2.④ 3.② 4.②

5 도시철도법령상 다음에서 대도시권광역교통위원회에게 권한을 위임할 수 있는 것을 모두 고르면?

> ㉠ 인·허가 의제 등에 관한 협의 및 일괄협의회의 개최
> ㉡ 도시철도운송사업계획의 조정 및 도시철도운송사업계획에 관한 협의
> ㉢ 도시철도망계획의 수립 및 변경승인 및 운송개시 변경승인의 협의
> ㉣ 정부의 재정적 지원 및 지원자금의 회수
> ㉤ 도시철도건설사업의 위탁 승인
> ㉥ 도시철도채권 발행협의 및 도시철도운송사업계획 변경신고 및 변경의 접수

① ㉠㉡㉢㉣㉤
② ㉠㉡㉣㉤㉥
③ ㉡㉢㉣㉤㉥
④ ㉠㉡㉢㉣㉤㉥

ADIVICE ㉢은 시·도지사는 관할 도시교통권역에서 도시철도를 건설·운영하려면 관계 시·도지사와 협의하여 도시철도망계획을 수립하여야 한다. 이를 변경하려는 경우에도 또한 같다〈도시철도법 제5조 제1항〉.

㉢의 운송개시 변경승인의 협의는 위임할 수 있는 권한이다〈도시철도법 시행령 제28조 제1항 제10호〉.
㉠ 도시철도법 시행령 제28조 제1항 제3호
㉡ 도시철도법 시행령 제28조 제1항 제9호
㉣ 도시철도법 시행령 제28조 제1항 제5호 및 제6호
㉤ 도시철도법 시행령 제28조 제1항 제7호
㉥ 도시철도법 시행령 제28조 제1항 제4호 및 제11호

6 도시철도법령상 국토교통부장관의 권한 중 대도시권광역교통위원회에게 위임할 수 없는 권한은?

① 도시철도채권 발행요청·공고 및 이율에 대한 협의
② 도시철도건설자 및 도시철도운영자에 대한 감독·명령 및 보고요구 및 검사
③ 도시철도운송사업 양도·양수·합병의 인가협의 및 휴업·폐업의 허가협의
④ 도시철도 연계망구축 지원 및 연락운송 분쟁에 대한 경고 및 고발조치

ADIVICE ④의 도시철도 연계망구축 지원 및 연락운송 분쟁에 대한 경고 및 고발조치에서 연락운송 분쟁에 대한 결정이 위임할 수 있는 권한이다〈도시철도법 시행령 제28조 제1항 제12호〉.
① 도시철도법 시행령 제28조 제1항 제17호 및 제18조
② 도시철도법 시행령 제28조 제1항 제15호 및 제16호
③ 도시철도법 시행령 제28조 제1항 제13호 및 제14호

7 도시철도법령상 국토교통부장관이 시 · 도지사에게 권한을 위임하고자 한다. 옳지 않은 설명은?

① 도시철도공사가 아닌 도시철도건설자에 대한 관보에 고시의 권한을 위임할 수 있다.

② 도시철도건설자가 지방자치단체나 도시철도공사인 경우에도 해당 도시철도건설자에 대한 권한의 일부를 위임할 수 있다.

③ 시 · 도지사는 위임받은 업무를 처리한 후 그 내용을 즉시 공보에 공고하여야 한다.

④ 지방자치단체가 아닌 도시철도건설자에 대한 기본계획의 승인 및 변경승인의 권한을 위임할 수 있다.

ADVICE ③ 시 · 도지사는 위임받은 업무를 처리하였을 때에는 그 내용을 지체 없이 국토교통부장관에게 보고하여야 한다〈도시철도법 시행령 제28조 제3항〉.
② 도시철도법 시행령 제28조 제2항 제1호
①④ 도시철도법 시행령 제28조 제2항 제2호

8 도시철도법령상 다음 위반행위의 벌칙으로 옳은 것은?

도시철도운영자의 공동 활용에 관한 요청을 정당한 사유 없이 거부한 자

① 2년 이하의 징역 또는 2천만 원 이하의 벌금에 처한다.

② 1년 이하의 징역 또는 1천만 원 이하의 벌금에 처한다.

③ 1천만 원 이하의 벌금에 처한다.

④ 1천만 원 이하의 과태료를 부과한다.

ADVICE 도시철도운영자의 공동 활용에 관한 요청을 정당한 사유 없이 거부한 자는 2년 이하의 징역 또는 2천만 원 이하의 벌금에 처한다〈도시철도법 제47조 제1항 제5호〉.

9 도시철도법령상 다음 위반행위의 벌칙이 다른 하나는?

① 면허를 받지 아니하고 도시철도운송사업을 경영한 자
② 거짓이나 그 밖의 부정한 방법으로 도시철도운송사업의 면허를 받은 자
③ 영상기록을 목적 외의 용도로 이용하거나 다른 자에게 제공한 자
④ 사업정지 기간에 도시철도운송사업을 경영한 자

ADIVICE ③은 1년 이하의 징역 또는 1천만 원 이하의 벌금에 처한다〈도시철도법 제47조 제2항 제2호〉.
①②④는 2년 이하의 징역 또는 2천만 원 이하의 벌금에 처한다〈도시철도법 제47조 제1항〉.

10 도시철도법령상 "사업개선명령을 위반한 자"에 대한 처벌규정으로 옳은 것은?

① 1년 이하의 징역 또는 1천만 원 이하의 벌금에 처한다.
② 3천만 원 이하의 벌금에 처한다.
③ 1천만 원 이하의 벌금에 처한다.
④ 500만 원 이하의 과태료를 부과한다.

ADIVICE 사업개선명령을 위반한 자는 1천만 원 이하의 벌금에 처한다〈도시철도법 제47조 제3항 제1호〉.

11 도시철도법령상 다음 중 벌칙금액이 가장 높은 위반행위는?

① 영상기록을 목적 외의 용도로 이용하거나 다른 자에게 제공한 자
② 감독상 필요한 명령을 위반한 자
③ 사업개선명령을 위반한 자
④ 사업정지 기간에 도시철도운송사업을 경영한 자

ADIVICE ④는 2년 이하의 징역 또는 2천만 원 이하의 벌금에 처한다〈도시철도법 제47조 제1항 제3호〉.
①은 1년 이하의 징역 또는 1천만 원 이하의 벌금에 처한다〈도시철도법 제47조 제2항 제2호〉.
②③은 자는 1천만 원 이하의 벌금에 처한다〈도시철도법 제47조 제3항 제3호 및 제1호〉.

12 도시철도법령상 법인 또는 개인이 위반행위를 예방하기 위하여 상당한 주의·감독의 노력이 있었을 경우에 해당 법인 또는 개인에게 과해지는 벌금형은?

① 벌금형을 면할 수 있다.
② 법인에게만 벌금형을 과한다.
③ 벌금형이 경감된다.
④ 개인에게만 벌금형을 과한다.

> **ADIVICE** 법인 또는 개인이 그 위반행위를 방지하기 위하여 해당 업무에 관하여 상당한 주의와 감독을 게을리 하지 아니한 경우에는 벌금형을 면한다〈도시철도법 제48조〉.

13 도시철도법령상 벌칙이 다른 위반행위를 고르면?

① 감독상 필요한 명령을 위반한 자
② 우수서비스마크 또는 이와 유사한 표지를 도시철도차량 등에 붙이거나 인증사실을 홍보한 자
③ 사업개선명령을 위반한 자
④ 회계를 구분하여 경리하지 아니한 자

> **ADIVICE** ④는 회계를 구분하여 경리하지 아니한 자에게는 500만 원 이하의 과태료를 부과한다〈도시철도법 제49조 제1항〉.
> ※ 1천만 원 이하의 벌금〈도시철도법 제47조 제3항〉
> ㉠ 사업개선명령을 위반한 자
> ㉡ 우수서비스마크 또는 이와 유사한 표지를 도시철도차량 등에 붙이거나 인증사실을 홍보한 자
> ㉢ 감독상 필요한 명령을 위반한 자

14 도시철도법령상 다음에 해당하는 경우에 과태료부과 상한금액으로 옳은 것은?

> 도시철도차량에 폐쇄회로텔레비전을 설치하지 아니한 자

① 500만 원
② 300만 원
③ 200만 원
④ 100만 원

ADIVICE 도시철도차량에 폐쇄회로 텔레비전을 설치하지 아니한 자에게는 300만 원 이하의 과태료를 부과한다〈도시철도법 제49조 제2항〉.

15 도시철도법령상 다음 중 과태료의 부과 금액이 가장 낮은 위반행위는?

① 감독상 필요한 명령을 위반한 자
② 철도사업자의 준수사항을 위반한 자
③ 사업소를 출입하는 공무원이 관계인에게 증표를 보여주지 아니한 자
④ 철도운수종사자의 준수사항을 위반한 도시철도종사자

ADIVICE ④ 철도운수종사자의 준수사항을 위반한 도시철도종사자 및 그가 소속된 도시철도운영자에게는 50만 원 이하의 과태료를 부과한다〈도시철도법 제49조 제4항〉.
① 1천만 원 이하의 벌금에 처한다〈도시철도법 제47조 제3항 제3호〉.
② 100만 원 이하의 과태료를 부과한다〈도시철도법 제49조 제3항〉.
③은 과태료의 부과대상이 아니다〈도시철도법 제45조 제3항〉.
※ **과태료 부과기준〈도시철도법 제49조〉**
㉠ **500만 원 이하의 과태료 부과** : 회계를 구분하여 경리하지 아니한 자
㉡ **300만 원 이하의 과태료 부과** : 도시철도차량에 폐쇄회로텔레비전을 설치하지 아니한 자
㉢ **100만 원 이하의 과태료 부과**
 • 철도사업자의 준수사항을 위반한 자
 • 도시철도차량의 점검 · 정비에 관한 책임자를 선임하지 아니한 자
㉣ **50만 원 이하의 과태료 부과** : 도시철도종사자 및 그가 소속된 도시철도운영자가 철도운수종사자의 준수사항을 위반한 자

16 도시철도법령상 철도운수종사자의 준수사항을 위반한 자가 소속된 도시철도운영자에게 부과되는 과태료의 상한금액은?

① 30만 원
② 50만 원
③ 100만 원
④ 300만 원

ADIVICE 철도운수종사자의 준수사항을 위반한 도시철도종사자 및 준수사항을 위반한 철도운수종사자가 소속된 도시철도운영자에게는 50만 원 이하의 과태료를 부과한다〈도시철도법 제49조 제4항〉.

PART

03

철도안전법령

CHAPTER

01 총칙

1 철도안전법의 목적에 포함되는 내용으로 옳지 않은 것은?

① 철도운영의 경제성을 극대화한다.
② 철도안전 관리체계를 확립한다.
③ 공공복리의 증진에 이바지한다.
④ 철도안전을 확보하기 위한 사항을 규정한다.

> **ADIVICE** 철도안전법의 목적〈철도안전법 제1조〉
> ㉠ 철도안전을 확보하기 위하여 필요한 사항규정
> ㉡ 철도안전 관리체계의 확립
> ㉢ 공공복리의 증진에 이바지함

2 철도안전법령상 다음에서 설명하는 용어로 올바른 것은?

> 여객 또는 화물을 운송하는 데 필요한 철도시설과 철도차량 및 이와 관련된 운영·지원체계가 유기적으로 구성된 운송체계를 말한다.

① 철도시설   ② 철도차량
③ 선로   ④ 철도

> **ADIVICE** 철도에 대한 설명이다〈철도산업발전기본법 제3조 제1호〉.

3 철도안전법령상 철도시설을 나열한 것이다. 옳지 않은 것은?

① 선로 및 철도차량을 보수·정비하기 위한 선로보수기지

② 철도의 건설 및 유지보수를 위한 공사에 사용되는 진입도로 및 주차장

③ 철도차량 및 철도부지 등을 활용한 부대사업개발 및 서비스시설

④ 철도노선간 또는 다른 교통수단과의 연계운영에 필요한 시설

> **ADIVICE** ①④는 철도산업발전기본법상 철도시설에 해당한다〈철도산업발전기본법 제3조 제2호〉.
> ②는 철도의 건설·유지보수 및 운영을 위한 시설로서 대통령령으로 정하는 시설이다〈철도산업발전기본법 시행령 제2조 제2호〉.

4 철도안전법령상 철도의 건설·유지보수 및 운영을 위한 시설로서 대통령령으로 정하는 시설이 아닌 것은?

① 철도건설 및 운영을 위하여 필요한 시설로서 행정안전부장관이 정하는 시설

② 철도의 유지보수를 위하여 당해 사업기간 중에 사용되는 장비점검을 위한 시설

③ 철도건설 및 유지보수에 필요한 자재를 가공·조립을 위하여 당해 사업기간 중에 사용되는 시설

④ 철도건설을 위한 공사에 사용되는 야적장 및 토석채취장

> **ADIVICE** ①은 행정안전부장관이 아니라 국토교통부장관이 정하는 시설이다〈철도산업발전기본법 시행령 제2조 제4호〉
> ※ **철도건설·유지보수 및 운영을 위한 시설로서 대통령령으로 정하는 시설**〈철도산업발전기본법 시행령 제2조〉
> ㉠ 철도의 건설 및 유지보수에 필요한 자재를 가공·조립·운반 또는 보관하기 위하여 당해 사업기간 중에 사용되는 시설
> ㉡ 철도의 건설 및 유지보수를 위한 공사에 사용되는 진입도로·주차장·야적장·토석채취장 및 사토장과 그 설치 또는 운영에 필요한 시설
> ㉢ 철도의 건설 및 유지보수를 위하여 당해 사업기간 중에 사용되는 장비와 그 정비·점검 또는 수리를 위한 시설
> ㉣ 그 밖에 철도안전관련시설·안내시설 등 철도의 건설·유지보수 및 운영을 위하여 필요한 시설로서 국토교통부장관이 정하는 시설

5 철도안전법령상 다음 용어 중 옳지 않은 것은?

① "철도차량"이란 선로를 운행할 목적으로 제작된 동력차 · 객차 · 화차 및 특수차를 말한다.
② "철도시설"이란 철도부지를 제외한 철도의 건설 · 유지보수 및 운영을 위한 시설을 말한다.
③ "철도"란 여객 또는 화물을 운송하는 데 필요한 철도시설과 철도차량 및 이와 관련된 운영 · 지원체계가 유기적으로 구성된 운송체계를 말한다.
④ "전용철도"란 다른 사람의 수요에 따른 영업을 목적으로 하지 아니하고 자신의 수요에 따라 특수 목적을 수행하기 위하여 설치하거나 운영하는 철도를 말한다.

ADIVICE 철도시설에는 부지를 포함한다〈철도산업발전기본법 제3조 제2호〉.

6 철도안전법령상 철도운영의 범위에 속하는 것으로 옳지 않은 것은?

① 철도여객의 운송
② 철도의 개발 · 이용 · 관리
③ 열차의 운행관리
④ 철도차량의 정비

ADIVICE 철도운영에는 철도와 관련된 철도여객 및 화물운송, 철도차량의 정비 및 열차의 운행관리, 철도시설 · 철도차량 및 철도부지 등을 활용한 부대사업개발 및 서비스에 해당되는 것이 포함된다〈철도산업발전기본법 제3조 제3호〉.

7 철도안전법령상 선로를 운행하기 위하여 편성된 철도차량에 부여하는 것은?

① 열차번호
② 열차노선망
③ 열차운전업무종사자
④ 열차의 수량

ADIVICE 선로를 운행할 목적으로 편성된 철도차량에 열차번호를 부여한다〈철도안전법 제2조 제6호〉.

8 철도안전법령상 선로의 구성요건으로 옳지 않은 것은?

① 궤도
② 인공구조물
③ 부품 및 장치
④ 노반

ADIVICE 선로는 철도차량을 운행하기 위한 궤도와 이를 받치는 노반 또는 인공구조물로 구성된 시설을 말한다〈철도안전법 제2조 제7호〉.

※ **노반(路盤)** … 철도나 도로와 같은 교통 인프라에서 중요한 구성 요소로 철도에서는 궤도(레일)를 지지하고 있는 구조물을 말한다.

9 철도안전법령상 철도운영에 관한 업무를 수행하는 자를 뜻하는 용어로 옳은 것은?

① 철도운영자
② 철도종사자
③ 철도운행안전관리자
④ 철도관리자

ADIVICE 철도운영자 … 철도운영에 관한 업무를 수행하는 자를 말한다〈철도안전법 제2조 제8호〉.

10 철도안전법령상 철도종사자에 해당되지 않은 사람은?

① 여객에게 승무서비스를 제공하는 사람
② 철도차량의 운행을 집중 제어 · 통제 · 감시하는 업무에 종사하는 사람
③ 철도시설의 건설업무에 종사하는 사람
④ 철도차량의 운전업무에 종사하는 사람

ADIVICE ③ 철도시설의 건설업무에 종사하는 사람은 철도안전법에서 정하는 철도종사자로 볼 수 없다〈철도안전법 제2조 제10호〉.
① 철도종사자로 관제업무에 종사하는 사람을 말한다〈철도안전법 제2조 제10호 다목〉.
② 철도종사자로 여객승무원을 말한다〈철도안전법 제2조 제10호 나목〉.
④ 철도종사자로 운전업무종사를 말한다〈철도안전법 제2조 제10호 가목〉.

☑**ANSWER** 5.② 6.② 7.① 8.③ 9.① 10.③

11 철도안전법령상 철도차량의 운행선로 인근에서 관리와 관련한 작업의 지휘·감독·안전관리 등의 업무에 종사하도록 철도운영자가 지정한 사람은?

① 작업책임자
② 운행선로감리자
③ 안전관리책임자
④ 철도안전관리자

> **ADIVICE** 작업책임자 … 철도차량의 운행선로 또는 그 인근에서 철도시설의 건설 또는 관리와 관련한 작업의 협의·지휘·감독·안전관리 등의 업무에 종사하도록 철도운영자 또는 철도시설관리자가 지정한 사람을 작업책임자라 한다〈철도안전법 제2조 제10호 마목〉.

12 철도안전법령상 다음에서 설명하고 있는 사람은?

> 철도차량의 운행선로에서 철도시설의 관리에 관한 작업일정을 조정하고 해당 선로를 운행하는 열차의 운행일정을 조정하는 사람을 말한다.

① 철도건설작업책임자
② 철도운행안전관리자
③ 선로작업책임자
④ 철도차량운행관리자

> **ADIVICE** 철도운행안전관리자 … 철도차량의 운행선로 또는 그 인근에서 철도시설의 건설 또는 관리와 관련한 작업의 일정을 조정하고 해당 선로를 운행하는 열차의 운행일정을 조정하는 사람을 말한다〈철도안전법 제2조 제10호 바목〉.

13 철도안전법령상 철도사고등을 정하는 기준은?

① 대통령령
② 국토교통부령
③ 철도안전법 시행규칙
④ 철도운영자 법인의 정관

ADIVICE 철도사고, 철도준사고 및 운행장애 등 철도사고등의 기준은 국토교통부령으로 정하는 것을 말한다〈철도안전법 제2조 제11호 ~ 제13호〉.

14 철도안전법령상 다음에서 설명하고 있는 용어로 옳은 것은?

> 철도안전에 중대한 위해를 끼쳐 철도사고로 이어질 수 있었던 것으로 국토교통부령으로 정하는 것을 말한다.

① 철도사고
② 운행장애
③ 철도준사고
④ 정비불량

ADIVICE 철도준사고 … 철도안전에 중대한 위해를 끼쳐 철도사고로 이어질 수 있었던 것으로 국토교통부령으로 정하는 것을 말한다〈철도안전법 제2조 제12호〉.

15 철도안전법령상 철도차량의 운행선로를 변경시키는 기기는?

① 신호시스템
② 신호 및 열차제어설비
③ 선로전환기
④ 정보통신설비

ADIVICE 선로전환기 : 철도차량의 운행선로를 변경시키는 기기를 말한다〈철도안전법 시행령 제2조 제2호〉.

....

☑ANSWER 11.① 12.② 13.② 14.③ 15.③

16 철도안전법령상 철도종사자 중 안전운행 또는 질서유지의 철도종사자로 볼 수 없는 사람은?

① 철도시설의 점검 · 정비 업무에 종사하는 사람

② 국토교통부장관으로부터 철도차량정비기술자의 자격을 인정받은 사람

③ 열차의 조성업무를 수행하는 사람

④ 철도차량을 보호하기 위한 경비업무를 수행하는 사람

> **ADIVICE** 안전운행 또는 질서유지 철도종사자〈철도안전법 시행령 제3조〉
> ㉠ 철도사고, 철도준사고 및 운행장애(이하 "철도사고등"이라 한다)가 발생한 현장에서 조사 · 수습 · 복구 등의 업무를 수행하는 사람
> ㉡ 철도차량의 운행선로 또는 그 인근에서 철도시설의 건설 또는 관리와 관련된 작업의 현장감독업무를 수행하는 사람
> ㉢ 철도시설 또는 철도차량을 보호하기 위한 순회점검업무 또는 경비업무를 수행하는 사람
> ㉣ 정거장에서 철도신호기 · 선로전환기 또는 조작판 등을 취급하거나 열차의 조성업무를 수행하는 사람
> ㉤ 철도에 공급되는 전력의 원격제어장치를 운영하는 사람
> ㉥ 철도경찰 사무에 종사하는 국가공무원
> ㉦ 철도차량 및 철도시설의 점검 · 정비 업무에 종사하는 사람

17 철도안전법령상 철도사고등에 속하지 않는 것은?

① 철도차량정비불량

② 철도준사고

③ 철도사고

④ 운행장애

> **ADIVICE** "철도사고등"이란 철도사고, 철도준사고 및 운행장애를 말한다〈철도안전법 시행령 제3조〉.

18 철도안전법령상 국민의 생명·신체 및 재산을 보호하기 위하여 철도안전시책을 마련하여 성실히 추진해야 하는 기관은?

① 지방자치단체
② 철도운영자
③ 철도시설관리자
④ 국가철도공단

ADIVICE 국가와 지방자치단체는 국민의 생명·신체 및 재산을 보호하기 위하여 철도안전시책을 마련하여 성실히 추진하여야 한다〈철도안전법 제4조 제1항〉.

☑ ANSWER 16.② 17.① 18.①

CHAPTER

02 철도안전 관리체계

1 철도안전법령상 철도안전 종합계획을 수립해야 하는 주기는?

① 2년 ② 3년
③ 5년 ④ 7년

> **ADIVICE** 철도안전 종합계획은 5년마다 수립하여야 한다〈철도안전법 제5조 제1항〉.

2 철도안전법령상 철도안전 종합계획에 포함되어야 할 사항으로 옳지 않은 것은?

① 철도안전 관련 연구에 관한 사항
② 철도차량의 정비 및 점검 등에 관한 사항
③ 철도안전에 관한 개량 및 점검 등에 관한 사항
④ 철도안전 및 철도산업 육성시책의 기본방향에 관한 사항

> **ADIVICE** ④의 철도산업 육성시책의 기본방향에 관한 사항은 철도산업발전기본계획의 수립 시 포함되어야 할 사항이다.
> ①②③은 철도안전 종합계획에 포함되어야 할 사항이다〈철도안전법 제5조 제2항〉.

3 철도안전법령상 철도안전 종합계획에 포함되어야 할 사항을 나열한 것이다. 옳지 않은 것은?

① 안전관리체계의 유지에 관한 사항
② 철도안전 관계 법령의 정비 등 제도개선에 관한 사항
③ 철도안전 관련 교육훈련에 관한 사항
④ 철도안전 종합계획의 추진 목표 및 방향

> **ADIVICE** ① 안전관리체계의 유지는 철도운영자등이 철도운영을 하거나 철도시설을 관리하는 경우에 지속적으로 유지해야 하는 사항이다〈철도안전법 제8조 제1항〉.
> ※ **철도안전 종합계획에 포함되어야 할 사항**〈철도안전법 제5조 제2항〉
> ㉠ 철도안전 종합계획의 추진 목표 및 방향
> ㉡ 철도안전에 관한 시설의 확충, 개량 및 점검 등에 관한 사항
> ㉢ 철도차량의 정비 및 점검 등에 관한 사항
> ㉣ 철도안전 관계 법령의 정비 등 제도개선에 관한 사항
> ㉤ 철도안전 관련 전문 인력의 양성 및 수급관리에 관한 사항
> ㉥ 철도종사자의 안전 및 근무환경 향상에 관한 사항
> ㉦ 철도안전 관련 교육훈련에 관한 사항
> ㉧ 철도안전 관련 연구 및 기술개발에 관한 사항
> ㉨ 철도안전에 관한 사항으로서 국토교통부장관이 필요하다고 인정하는 사항

4 철도안전법령상 국토교통부장관이 철도안전 종합계획을 수립할 때에 미리 협의와 심의를 거쳐야 하는 대상으로 옳지 않은 것은?

① 관계 중앙행정기관의 장
② 철도산업위원회
③ 지방자치단체의 장
④ 철도운영자등

> **ADIVICE** 국토교통부장관은 철도안전 종합계획을 수립할 때에는 미리 관계 중앙행정기관의 장 및 철도운영자등과 협의한 후 철도산업위원회의 심의를 거쳐야 한다〈철도안전법 제5조 제3항〉.
> ※ **철도운영자등** … 철도운영자등이란 철도운영자 및 철도시설관리자를 말한다〈철도안전법 제4조 제2항〉.

☑ANSWER 1.③ 2.④ 3.① 4.③

5 철도안전법령상 수립된 철도안전 종합계획을 변경할 때 철도산업위원회의 심의를 거치지 않아도 되는 경우는?

① 철도안전 종합계획의 추진 목표 및 방향에 대한 변경
② 철도안전 종합계획에서 정한 시행기한 내에 단위사업의 시행시기의 변경
③ 철도안전 관계 법령의 정비 등 제도개선에 관한 사항의 변경
④ 철도안전에 관한 시설의 확충, 개량 및 점검 등에 관한 사항의 변경

ADIVICE 수립된 철도안전 종합계획을 변경할 때 대통령령으로 정하는 경미한 사항의 변경은 철도산업위원회의 심의대상에서 제외한다〈철도안전법 제5조 제3항〉.
② 는 대통령령으로 정하는 경미한 사항의 변경에 해당된다.
①③④는 철도안전 종합계획에 포함되어야 할 사항으로 변경 시 철도산업위원회의 심의를 거쳐야 한다〈철도안전법 제5조 제3항〉.

6 철도안전법령상 철도안전 종합계획에 따라 소관별로 연차별 시행계획을 수립 · 추진해야 하는 주체로 옳지 않은 것은?

① 국토교통부장관
② 시 · 도지사
③ 철도운영자등
④ 해당 지방의회

ADIVICE 국토교통부장관, 시 · 도지사 및 철도운영자등은 철도안전 종합계획에 따라 소관별로 철도안전 종합계획의 단계적 시행에 필요한 연차별 시행계획(이하 "시행계획"이라 한다)을 수립 · 추진하여야 한다〈철도안전법 제6조 제1항〉.

7 철도안전법령상 다음연도의 시행계획을 국토교통부장관에게 제출해야 하는 기한은?

① 매년 2월 말
② 매년 6월 말
③ 매년 10월 말
④ 매년 12월 말

ADIVICE 철도운영자등은 다음 연도의 시행계획을 매년 10월 말까지 국토교통부장관에게 제출하여야 한다〈철도안전법 시행령 제5조 제1항〉

8   철도안전법령상 전년도 시행계획의 추진실적을 국토교통부장관에게 제출해야 하는 기한은?

① 매년 2월 말
② 매년 6월 말
③ 매년 10월 말
④ 매년 12월 말

ADIVICE 시·도지사 및 철도운영자등은 전년도 시행계획의 추진실적을 매년 2월 말까지 국토교통부장관에게 제출하여야 한다
〈철도안전법 시행령 제5조 제2항〉.

9   철도안전법령상 국토교통부장관이 시·도지사와 철도운영자등에게 시행계획의 수정을 요청할 수 있는
경우는?

① 시행계획의 제출 기한이 지켜지지 않을 때
② 시행계획이 철도안전 종합계획에 위반될 때
③ 시행계획이 국토교통부장관의 승인 없이 시행될 때
④ 철도운영자가 시행계획을 이행하지 않을 때

ADIVICE ② 국토교통부장관은 시·도지사 및 철도운영자등이 제출한 다음 연도의 시행계획이 철도안전 종합계획에 위반되거나
철도안전 종합계획을 원활하게 추진하기 위하여 보완이 필요하다고 인정될 때에는 시행계획의 수정을 요청할 수 있다
〈철도안전법 시행령 제5조 제3항〉.

10 철도안전법령상 철도운영자가 철도안전투자를 할 수 있는 분야로 옳지 않은 것은?

① 철도차량의 교체
② 철도안전 분야
③ 철도시설의 개량
④ 철도역의 환승시설

ADIVICE 철도운영자는 철도차량의 교체, 철도시설의 개량 등 철도안전 분야에 투자(이하 "철도안전투자"라 한다)하는 예산규모
를 매년 공시하여야 한다〈철도안전법 제6조의2 제1항〉.

☑ANSWER   5.②   6.④   7.③   8.①   9.②   10.④

11 철도안전법령상 철도운영자등이 갖추어야 하는 안전관리체계에 속하지 않는 것은?

① 인력 및 시설
② 교육훈련 및 비상대응계획
③ 보험가입
④ 운영절차

ADIVICE 안전관리체계 ⋯ 인력, 시설, 차량, 장비, 운영절차, 교육훈련 및 비상대응계획 등 철도 및 철도시설의 안전관리에 관한 유기적 체계를 말한다〈철도안전법 제7조 제1항〉.

12 철도안전법령상 전용철도운영자의 안전관리체계 관리기준으로 옳은 것은?

① 자체적으로 갖추고 지속적으로 유지해야 한다.
② 국토교통부장관에게 신고해야 한다.
③ 국토교통부장관으로부터 허가를 받아 자체적으로 관리해야 한다.
④ 시·도지사에게 보고해야 한다.

ADIVICE 전용철도의 운영자는 자체적으로 안전관리체계를 갖추고 지속적으로 유지하여야 한다〈철도안전법 제7조 제2항〉.

13 철도안전법령상 안전관리체계의 승인여부를 결정하기 위한 적합성여부를 검사하는 기준으로 옳은 것은?

① 철도운영의 효율성
② 안전관리기준
③ 비용절감의 기준
④ 편리성의 기준

ADIVICE 국토교통부장관은 안전관리체계의 승인 또는 변경승인의 신청을 받은 경우에는 해당 안전관리체계가 안전관리기준에 적합한지를 검사한 후 승인여부를 결정하여야 한다〈철도안전법 제7조 제4항〉.

14 철도안전법령상 안전관리체계의 승인에 대한 설명으로 옳지 않은 것은?

① 철도운영자는 국토교통부장관의 승인을 받아 안전관리체계를 갖추어야 한다.

② 검사기준 및 검사방법에 관한 사항은 대통령령으로 정한다.

③ 전용철도운영자는 안전관리체계에 관하여 국토교통부장관의 승인을 받지 않아도 된다.

④ 철도운영자가 경미한 사항을 변경하려는 경우에는 국토교통부장관에게 신고하여야 한다.

> **ADIVICE** ② 승인절차, 승인방법, 검사기준, 검사방법, 신고절차 및 고시방법 등에 관하여 필요한 사항은 국토교통부령으로 정한다〈철도안전법 제7조 제6항〉.
> ① 철도안전법 제7조 제1항
> ③ 전용철도의 운영자는 자체적으로 안전관리체계를 갖추어야 한다〈철도안전법 제7조 제2항〉.
> ④ 국토교통부령으로 정하는 경미한 사항을 변경하려는 경우에는 국토교통부장관에게 신고하여야 한다〈철도안전법 제7조 제3항〉.

15 철도안전법령상 안전관리체계에 대한 설명으로 옳지 않은 것은?

① 안전관리체계를 갖추어 국토교통부장관의 승인을 받아야 하는 대상은 전용철도운영자이다.

② 안전관리체계의 위반·확인·유지 및 철도사고 예방 등을 위하여 정기검사를 받아야 한다.

③ 안전관리체계로 인하여 업무제한이나 정지처분을 받는 경우 그 기간은 6개월 이내로 한다.

④ 부정한 방법으로 승인을 받은 경우에는 그 승인을 취소하여야 한다.

> **ADIVICE** ① 철도운영자등(전용철도의 운영자는 제외한다)은 철도운영을 하거나 철도시설을 관리하려는 경우에는 안전관리체계를 갖추어 국토교통부장관의 승인을 받아야 한다〈철도안전법 제7조 제1항〉.
> ② 철도안전법 제8조 제2항
> ③ 철도안전법 제9조 제1항
> ④ 철도안전법 제9조 제1항 제1호

☑**ANSWER** 11.③ 12.① 13.② 14.② 15.①

16 철도안전법령상 철도운영자등이 철도운영을 하거나 철도시설을 관리하는 경우에 승인받은 안전관리체계를 유지해야 하는 조건으로 옳은 것은?

① 국토교통부장관의 정한 기간에 따라 유지한다.
② 지속적으로 유지해야 한다.
③ 필요에 따라 수시로 변경하여 유지한다.
④ 철도사고 발생즉시 안전관리체계의 유지를 시작한다.

> **ADIVICE** 철도운영자등은 철도운영을 하거나 철도시설을 관리하는 경우에는 승인받은 안전관리체계를 지속적으로 유지하여야 한다〈철도안전법 제8조 제1항〉.

17 철도안전법령상 안전관리체계의 정기검사 목적으로 옳은 것은?

① 철도사고발생의 사고원인을 사전에 파악하고 사고 후 적절하고 신속하게 대처하기 위함
② 철도운영자등이 승인 또는 변경승인 받은 안전관리체계를 지속적으로 유지하는지를 점검·확인하기 위함
③ 철도운영자등이 안전관리체계를 새롭게 승인받고자 할 때 철도운영자등의 운영상태를 임의적으로 평가하기 위함
④ 철도운영자등이 철도사고 및 운행장애 등을 발생시킬 우려가 있는 경우에 안전관리체계 위반사항 확인 및 안전관리체계 위해요인을 사전에 예방하기 위함

> **ADIVICE** 안전관리체계의 정기검사와 수시검사〈철도안전법 제8조 제2항〉.
> ㉠ 정기검사 : 철도운영자등이 국토교통부장관으로부터 승인 또는 변경승인 받은 안전관리체계를 지속적으로 유지하는지를 점검·확인하기 위하여 정기적으로 실시하는 검사
> ㉡ 수시검사 : 철도운영자등이 철도사고 및 운행장애 등을 발생시키거나 발생시킬 우려가 있는 경우에 안전관리체계 위반사항 확인 및 안전관리체계 위해요인 사전예방을 위해 수행하는 검사

18 철도안전법령상 과징금의 부과기준은?

① 국세기본법에 따른다.　　　　　　② 대통령령으로 정한다.
③ 국토교통부령으로 정한다.　　　　④ 해당 시·도지사의 조례에 따른다.

> **ADIVICE** 과징금을 부과하는 위반행위의 종류, 과징금의 부과기준 및 징수방법, 그 밖에 필요한 사항은 대통령령으로 정한다〈철도안전법 제9조의2 제2항〉.

19 철도안전법령상 위반행위자의 과징금 금액을 줄이거나 늘릴 경우 고려해야 할 사항으로 옳지 않은 것은?

① 위반행위자의 지역

② 위반행위의 동기와 그 결과

③ 사업의 규모

④ 위반 횟수

> **ADIVICE** 위반행위자의 과징금 금액을 줄이거나 늘릴 경우 고려해야 할 사항〈철도안전법 시행령 제6조 별표1 제1호〉
> ㉠ 사업규모
> ㉡ 사업지역의 특수성
> ㉢ 위반행위의 정도
> ㉣ 위반행위의 동기와 그 결과
> ㉤ 위반 횟수

20 철도안전법령상 위반행위자의 과징금 금액을 50% 줄일 수 있는 경우로 옳은 것은?

① 법 위반상태의 기간이 6개월 이하인 경우

② 위반행위자가 법 위반상태를 해소하기 위한 노력이 인정되는 경우

③ 환경 등을 고려하여 과징금 금액을 줄일 필요가 있다고 인정되는 경우

④ 위반행위의 시기 등을 고려할 때 공중에게 미치는 피해가 작은 경우

> **ADIVICE** 위반행위자의 과징금 금액을 2분의 1의 범위에서 줄일 수 있는 경우〈철도안전법 시행령 제6조 별표1 제1호 라목〉
> ㉠ 위반행위가 사소한 부주의나 오류로 인한 것으로 인정되는 경우
> ㉡ 위반행위자가 법 위반상태를 시정하거나 해소하기 위한 노력이 인정되는 경우
> ㉢ 사업규모, 사업지역의 특수성, 위반행위의 정도, 위반행위의 동기와 그 결과 및 위반 횟수 등을 고려하여 과징금 금액을 줄일 필요가 있다고 인정되는 경우
> ※ 과징금을 체납하고 있는 위반행위자의 경우에는 과징금의 금액을 줄일 수 없다.

21 철도안전법령상 위반행위자의 과징금 금액을 늘리고자 할 때 늘릴 수 있는 최대금액은?

① 10억 원 이하

② 20억 원 이하

③ 30억 원 이하

④ 50억 원 이하

> **ADIVICE** 위반행위자의 과징금 금액을 늘리고자 할 때 과징금 금액이 상한을 넘을 경우 상한금액으로 해야 한다〈철도안전법 시행령 제6조 별표1 제1호 마목〉.
> ※ 위반행위자에 대한 과징금을 부과할 때에는 30억 원 이하의 과징금을 부과할 수 있다〈철도안전법 제9조의2 제1항〉.

☑ **ANSWER** 16.② 17.② 18.② 19.① 20.② 21.③

22 철도안전법령상 위반행위자의 과징금 금액을 2분의 1의 범위에서 늘릴 수 있는 경우로 옳지 않은 것은?

① 위반의 내용이 중대하여 공중에게 미치는 피해가 크다고 인정되는 경우
② 사업지역의 특수성을 고려하여 과징금 금액을 늘릴 필요가 있다고 인정되는 경우
③ 위반행위가 부주의나 오류로 인한 것이 아닌 경우
④ 법 위반상태의 기간이 6개월 이상인 경우

> **ADIVICE** 위반행위자의 과징금 금액을 2분의 1의 범위에서 늘릴 수 있는 경우〈철도안전법 시행령 제6조 별표1 제1호 마목〉
> ㉠ 위반의 내용 및 정도가 중대하여 공중에게 미치는 피해가 크다고 인정되는 경우
> ㉡ 법 위반상태의 기간이 6개월 이상인 경우
> ㉢ 사업규모, 사업지역의 특수성, 위반행위의 정도, 위반행위의 동기와 그 결과 및 위반 횟수 등을 고려하여 과징금 금액을 늘릴 필요가 있다고 인정되는 경우

23 철도안전법령상 변경신고를 하지 않고 안전관리체계를 2차례 변경한 경우 과징금의 부과금액은?

① 120백만 원
② 240백만 원
③ 480백만 원
④ 960백만 원

> **ADIVICE** 변경신고를 하지 않고 안전관리체계를 변경한 경우〈시행령 제6조 별표1 제2호 나목〉
> ㉠ 1차 위반 : 경고
> ㉡ 2차 위반 : 120백만 원
> ㉢ 3차 이상 위반 : 240백만 원

24 철도안전법령상 안전관리체계를 유지하지 않아 철도운영 및 시설관리에 지장이 발생한 철도사고에서 30명 ~ 50명 미만의 중상자가 발생된 경우의 과징금은?

① 180백만 원
② 360백만 원
③ 720백만 원
④ 1,440백만 원

> **ADIVICE** 안전관리체계를 유지하지 않아 철도운영 및 시설관리에 지장을 초래한 철도사고에서 중상자 수에 따른 과징금의 금액〈시행령 제6조 별표1 제2호 다목〉
> ㉠ 5명 이상 10명 미만 : 180백만 원
> ㉡ 10명 이상 30명 미만 : 360백만 원
> ㉢ 30명 이상 50명 미만 : 720백만 원
> ㉣ 50명 이상 100명 미만 : 1,440백만 원
> ㉤ 100명 이상 : 2,160백만 원

25 철도안전법령상 시정조치명령을 정당한 사유 없이 4차례 이상 이행하지 않은 경우의 과징금 금액은?

① 720백만 원
② 960백만 원
③ 1,440백만 원
④ 1,920백만 원

ADIVICE 시정조치명령을 정당한 사유 없이 이행하지 않은 경우〈시행령 제6조 별표1 제2호 라목〉
㉠ **1차 위반** : 240백만 원
㉡ **2차 위반** : 480백만 원
㉢ **3차 위반** : 960백만 원
㉣ **4차 이상 위반** : 1,920백만 원

26 철도안전법령상 과징금의 부과 및 납부에 대한 설명으로 옳지 않은 것은?

① 과징금의 부과통지는 서면으로 통지해야 한다.
② 과징금의 통지서에는 위반행위의 종류와 해당 과징금의 금액을 명시해야 한다.
③ 국토교통부장관이 정하는 수납기관에 과징금을 내야 한다.
④ 과징금의 수납기관은 과징금을 받으면 지체 없이 지방자치단체장에게 통보하여야 한다.

ADIVICE ④ 과징금의 수납기관은 과징금을 받으면 지체 없이 그 사실을 국토교통부장관에게 통보하여야 한다〈철도안전법 시행령 제7조 제4항〉.
①② 국토교통부장관은 과징금을 부과할 때에는 그 위반행위의 종류와 해당 과징금의 금액을 명시하여 이를 납부할 것을 서면으로 통지하여야 한다〈철도안전법 시행령 제7조 제1항〉.
③ 통지를 받은 자는 국토교통부장관이 정하는 수납기관에 과징금을 내야 한다〈철도안전법 시행령 제7조 제2항〉.

☑**ANSWER** 22.③ 23.① 24.③ 25.④ 26.④

27 철도안전법령상 철도운영자등에 대한 안전관리수준평가에 대한 설명으로 옳지 않은 것은?

① 안전관리수준평가 결과를 바탕으로 철도안전 우수운영자를 지정한다.

② "안전관리수준평가"란 철도운영자등의 자발적인 안전관리를 통한 철도안전수준의 향상을 위하여 철도 운영자등의 안전관리 수준에 대하여 국토교통부장관이 평가하는 것을 말한다.

③ 평가결과가 미흡한 철도운영자등에 대하여 검사를 시행하거나 시정조치를 명할 수 있다.

④ 안전관리 수준평가의 대상 및 절차에 필요한 사항은 대통령령으로 정한다.

ADIVICE ④ 안전관리 수준평가의 대상, 기준, 방법, 절차 등에 필요한 사항은 국토교통부령으로 정한다〈철도안전법 제9조의3 제3항〉.

① 철도안전법 제9조의4 제1항
② 철도안전법 제9조의3 제1항
③ 철도안전법 제9조의3 제2항

28 철도안전법령상 철도안전 우수운영자에 대한 설명으로 옳지 않은 것은?

① 우수운영자의 지정은 철도운영자등을 대상으로 국토교통부장관이 한다.

② 우수운영자로 지정받은 자는 철도시설에 우수운영자로 지정되었음을 표시할 수 있다.

③ 우수운영자로 지정받지 않은 자는 지정받은 자의 동의를 받아 문서에 한해서 우수운영자 지정표시를 할 수 있다.

④ 우수운영자와 유사한 표시를 한 자에 대하여 필요한 시정조치를 명할 수 있다.

ADIVICE ③ 철도안전 우수운영자로 지정받은 자가 아니면 철도차량, 철도시설이나 관련 문서 등에 우수운영자로 지정되었음을 나타내는 표시를 하거나 이와 유사한 표시를 하여서는 아니 된다〈철도안전법 제9조의4 제3항〉.

① 철도안전법 제9조의4 제1항
② 철도안전법 제9조의4 제2항
④ 철도안전법 제9조의4 제4항

CHAPTER 03 철도차량의 운전면허

1 철도안전법령상 운전면허 없이 운전할 수 있는 경우로 옳지 않은 것은?

① 운전교육훈련을 받기 위해 운전교육훈련기관에서 철도차량을 운전하는 경우
② 철도사고등을 복구하기 위해 사고복구용 특수차량을 운전하여 이동하는 경우
③ 노면전차의 시운전을 위해 운전하는 경우
④ 철도차량을 제작하기 위해 공장 안의 선로에서 철도차량을 운전하여 이동하는 경우

ADIVICE 운전면허 없이 운전할 수 있는 경우〈철도안전법 시행령 제10조 제1항〉
　㉠ 운전교육훈련기관에서 실시하는 운전교육훈련을 받기 위하여 철도차량을 운전하는 경우
　㉡ 운전면허시험을 치르기 위하여 철도차량을 운전하는 경우
　㉢ 철도차량을 제작·조립·정비하기 위한 공장 안의 선로에서 철도차량을 운전하여 이동하는 경우
　㉣ 철도사고등을 복구하기 위하여 열차운행이 중지된 선로에서 사고복구용 특수차량을 운전하여 이동하는 경우

2 철도안전법령상 운전면허 없이 운전할 경우 담당자를 승차시켜야 하는 경우는?

① 신설 철도노선의 시운전 철도차량
② 운전교육훈련기관 철도차량
③ 제작 및 조립공장 안에서 운전되는 철도차량
④ 철도사고등의 복구를 위한 철도차량

ADIVICE 운전면허 없이 운전할 때 담당하는 사람을 승차시켜야 하는 경우〈철도안전법 시행령 제10조 제2항〉
　㉠ 운전교육훈련기관 철도차량 : 철도차량에 운전교육훈련을 담당하는 사람 승차
　㉡ 운전면허시험을 치르기 위한 철도차량 : 운전면허시험에 대한 평가를 담당하는 사람 승차

3 철도안전법령상 철도차량의 앞면 유리에 표지를 부착해야 하는 철도차량으로 옳은 것은?

① 명절 귀성객을 위해 특별 배정된 철도차량

② 철도구간에서 운영되는 새로 제작된 철도차량

③ 자연재해를 위해 운영되는 철도차량

④ 운전면허시험을 치르기 위한 철도차량

> **ADIVICE** 철도차량의 앞면 유리에 표지를 부착해야 하는 철도차량〈철도안전법 시행령 제10조 제2항〉
> ㉠ 운전교육훈련기관 철도차량
> ㉡ 운전면허시험을 치르기 위한 철도차량
> ※ 국토교통부령으로 정하는 표지를 해당 철도차량의 앞면 유리에 붙여야 한다.

4 철도안전법령상 철도차량의 운전면허 종류로 옳지 않은 것은?

① 제2종 전자차량 운전면허

② 디젤차량 운전면허

③ 노면전차 운전면허

④ 고속철도차량 운전면허

> **ADIVICE** ① 제2종 전자차량 운전면허가 아니고 제2종 전기차량 운전면허이다〈철도안전법 시행령 제11조 제3호〉.

5 철도안전법령상 철도차량 운전면허 결격사유를 나열한 것으로 옳지 않은 것은?

① 철도차량 운전상의 위험과 장해를 일으킬 수 있는 뇌전증환자로 해당 분야 전문의가 정상적인 운전을 할 수 없다고 인정하는 사람

② 운전면허가 취소된 날부터 3년이 지나지 아니한 사람

③ 두 눈의 시력을 완전히 상실한 사람

④ 알코올 중독자로서 대통령령으로 정하는 사람

> **ADIVICE** 철도차량 운전면허의 결격사유〈철도안전법 제11조 제1항〉
> ㉠ 19세 미만인 사람
> ㉡ 철도차량 운전상의 위험과 장해를 일으킬 수 있는 정신질환자 또는 뇌전증환자로서 대통령령으로 정하는 사람
> ㉢ 철도차량 운전상의 위험과 장해를 일으킬 수 있는 약물(마약류 및 환각물질을 말한다) 또는 알코올 중독자로서 대통령령으로 정하는 사람
> ㉣ 두 귀의 청력 또는 두 눈의 시력을 완전히 상실한 사람
> ㉤ 운전면허가 취소된 날부터 2년이 지나지 아니하였거나 운전면허의 효력정지기간 중인 사람

6 철도안전법령상 철도차량 운전면허 결격사유에 대한 설명으로 옳지 않은 것은?

① 철도차량 운전면허는 19세 이상이어야 취득할 수 있다.
② 결격사유의 확인을 위하여 국토교통부장관은 대상기관에 개인정보의 제공을 요청할 수 있다.
③ 대상기관의 장이 개인정보를 제공하는 경우에는 국토교통부령으로 정하는 서식에 따라 서면 또는 전자적 방법으로 제공해야 한다.
④ 개인정보의 내용 및 제공방법 등에 필요한 사항은 국토교통부령으로 정한다.

> **ADIVICE** ④ 대상기관과 개인정보의 내용 및 제공방법 등에 필요한 사항은 대통령령으로 정한다〈철도안전법 제11조 제3항〉
> ① 철도안전법 제11조 제1항 제1호
> ② 철도안전법 제11조 제2항
> ③ 철도안전법 시행령 제12조의2 제3항

7 철도안전법령상 운전면허의 결격사유와 관련하여 개인정보의 제공요청을 할 수 있는 군관련 기관장으로 옳지 않은 것은?

① 합참의장
② 육군참모총장
③ 해군참모총장
④ 해병대사령관

> **ADIVICE** 군관련 기관장으로는 병무청장, 육군참모총장, 해군참모총장, 공군참모총장 또는 해병대사령관 등이 있다〈철도안전법 시행령 제12조의2 제1항〉.

☑ **ANSWER** 3.④ 4.① 5.② 6.④ 7.①

8 철도안전법령상 철도차량 운전면허의 취득에 대한 설명으로 옳지 않은 것은?

① 의료법에 따른 의원도 운전면허의 신체검사 의료기관이다.

② 운전면허를 받으려는 사람은 철도차량 운전에 적합한 적성을 갖추고 있는지를 판정받아야 한다.

③ 철도차량 운전면허를 취득한 후에는 운전에 필요한 지식과 능력을 습득할 수 있는 교육훈련을 받아야 한다.

④ 운전면허시험의 과목 및 절차에 관한 사항은 국토교통부령으로 정한다.

> **ADIVICE** ③ 운전면허를 받으려는 사람은 철도차량의 안전한 운행을 위하여 국토교통부장관이 실시하는 운전교육훈련을 받아야 한다〈철도안전법 제16조 제1항〉.
> ① 철도안전법 제13조 제1호
> ② 운전적성검사를 받아야 한다〈철도안전법 제15조 제1항〉.
> ④ 철도안전법 제17조 제3항

9 철도안전법령상 신체검사 실시 의료기관으로 옳지 않은 곳은?

① 의원

② 한방병원

③ 병원

④ 종합병원

> **ADIVICE** ② 한의원이나 한방병원은 신체검사를 실시할 수 있는 의료기관에 포함되지 않는다〈철도안전법 제13조〉.
> ①③④는 국토교통부장관이 신체검사를 실시하게 할 수 있는 의료기관이다〈철도안전법 제13조〉.

10 철도안전법령상 운전적성검사기관에 대한 설명으로 옳지 않은 것은?

① 운전적성검사기관은 국토교통부장관이 지정한다.

② 운전적성검사 판정서는 운전적성검사기관에서 발급한다.

③ 운전적성검사기관으로 지정받으려는 자는 지정신고를 국토교통부장관에게 해야 한다.

④ 운전적성검사기관은 명칭·대표자·소재지의 변경이 있는 경우에는 국토교통부장관에게 그 사실을 알려야 한다.

> **ADIVICE** ③ 운전적성검사기관으로 지정을 받으려는 자는 국토교통부장관에게 지정신청을 하여야 한다〈철도안전법 시행령 제13조 제1항〉.
> ① 철도안전법 제15조 제4항
> ② 철도안전법 제15조 제6항
> ④ 철도안전법 시행령 제15조 제1항

11 철도안전법령상 국토교통부장관이 운전적성검사기관을 지정한 후 취해야 할 조치로 옳은 것은?

① 일간신문에 공고
② 인터넷홈페이지에 게시
③ 운전적성검사기관에 공고
④ 관보에 고시

ADIVICE 국토교통부장관은 운전적성검사기관을 지정한 경우에는 그 사실을 관보에 고시하여야 한다〈철도안전법 시행령 제13조 제3항〉.

12 철도안전법령상 운전적성검사기관의 지정기준으로 옳지 않은 것은?

① 운전적성검사기관의 운영 등에 관한 업무규정을 갖출 것
② 운전적성검사 시행에 필요한 검사장과 검사장비를 갖출 것
③ 운전적성검사 업무를 수행할 수 있는 전문검사인력을 5명 이상 확보할 것
④ 운전적성검사 시행에 필요한 사무실을 갖출 것

ADIVICE ③ 운전적성검사 업무를 수행할 수 있는 전문검사인력을 3명 이상 확보해야 한다〈철도안전법 시행령 제14조 제1항 제2호〉.

※ 운전적성검사기관의 지정기준〈철도안전법 시행령 제14조 제1항〉
　㉠ 운전적성검사 업무의 통일성을 유지하고 운전적성검사 업무를 원활히 수행하는데 필요한 상설 전담조직을 갖출 것
　㉡ 운전적성검사 업무를 수행할 수 있는 전문검사인력을 3명 이상 확보할 것
　㉢ 운전적성검사 시행에 필요한 사무실, 검사장과 검사장비를 갖출 것
　㉣ 운전적성검사기관의 운영 등에 관한 업무규정을 갖출 것

13 철도안전법령상 운전적성검사에 불합격한 사람이 운전적성검사를 받을 수 없는 기간은?

① 검사일부터 3개월
② 검사일부터 9개월
③ 검사일부터 9개월
④ 검사일부터 1년

ADIVICE 운전적성검사에 불합격한 사람은 검사일부터 3개월 동안 운전적성검사를 받을 수 없다〈철도안전법 제15조 제2항 제1호〉.

14 철도안전법령상 운전적성검사기관의 지정을 취소해야 하는 경우로 옳은 것은?

① 업무정지 명령을 위반하여 그 정지기간 중 운전적성검사 업무를 하였을 때
② 지정기준 및 지정절차에 맞지 아니하게 되었을 때
③ 거짓이나 그 밖의 부정한 방법으로 운전적성검사 판정서를 발급하였을 때
④ 정당한 사유 없이 운전적성검사 업무를 거부하였을 때

> **ADIVICE** 운전적성검사기관의 지정을 취소해야 하는 경우〈철도안전법 제15조의2 제1항〉.
> ㉠ 거짓이나 그 밖의 부정한 방법으로 지정을 받았을 때
> ㉡ 업무정지 명령을 위반하여 그 정지기간 중 운전적성검사 업무를 하였을 때
> ※ 운전교육훈련기관의 지정취소 및 업무정지 등에 관하여는 철도안전법 제15조의2를 준용한다. 따라서 "운전적성검사기관"은 "운전교육훈련기관"으로 "운전적성검사 업무"는 "운전교육훈련 업무"로, "운전적성검사 판정서"는 "운전교육훈련 수료증"으로 본다〈철도안전법 제16조 제5항〉.

15 철도안전법령상 운전교육훈련의 기간 및 방법 등에 관하여 필요한 사항을 정하는 기준으로 옳은 것은?

① 대통령령
② 국토교통부령
③ 운전적성검사기관의 규칙
④ 한국교통안전공단법령

> **ADIVICE** 운전교육훈련의 기간 및 방법 등에 관하여 필요한 사항은 국토교통부령으로 정한다〈철도안전법 제16조 제2항〉.

16 철도안전법령상 운전교육훈련기관의 지정절차 및 지정기준에 관한 세부적인 사항을 정하는 기준으로 옳은 것은?

① 대통령령
② 국토교통부령
③ 운전적성검사기관의 규칙
④ 한국교통안전공단법령

> **ADIVICE** 운전교육훈련기관의 지정기준 및 지정절차 등에 관하여 필요한 사항은 대통령령으로 정한다〈철도안전법 제16조 제4항〉.

17 철도안전법령상 운전교육훈련기관의 지정기준으로 옳지 않은 것은?

① 운전교육훈련 시행에 필요한 교육장 및 교육 장비를 갖출 것

② 운전교육훈련기관의 운영 등에 관한 업무규정을 갖출 것

③ 운전교육훈련 업무 수행에 필요한 상설 전담조직을 갖출 것

④ 운전면허의 종류별로 운전교육훈련 업무를 수행할 수 있는 전문인력을 3명 이상 확보할 것

ADIVICE ④ 운전면허의 종류별로 운전교육훈련 업무를 수행할 수 있는 전문인력을 확보하면 된다〈철도안전법 시행령 제17조 제1항 제2호〉.

※ **운전교육훈련기관 지정기준**〈철도안전법 시행령 제17조 제1항〉.

㉠ 운전교육훈련 업무 수행에 필요한 상설 전담조직을 갖출 것

㉡ 운전면허의 종류별로 운전교육훈련 업무를 수행할 수 있는 전문인력을 확보할 것

㉢ 운전교육훈련 시행에 필요한 사무실·교육장과 교육 장비를 갖출 것

㉣ 운전교육훈련기관의 운영 등에 관한 업무규정을 갖출 것

※ 운전교육훈련기관 지정기준에 관한 세부적인 사항은 국토교통부령으로 정한다〈철도안전법 시행령 제17조 제2항〉.

18 철도안전법령상 철도차량 운전면허시험을 주관하는 주체는?

① 국토교통부장관

② 한국교통안전공단

③ 경찰청

④ 행정안전부장관

ADIVICE 운전면허를 받으려는 사람은 국토교통부장관이 실시하는 철도차량 운전면허시험에 합격하여야 한다〈철도안전법 제17조 제1항〉.

※ 운전면허시험의 과목 및 절차 등에 관하여 필요한 사항은 국토교통부령으로 정한다〈철도안전법 제17조 제3항〉.

19 철도안전법령상 철도차량 운전면허의 취득절차로 옳은 것은?

① 신체검사 – 운전적성검사 – 운전교육훈련 – 운전면허시험

② 운전적성검사 – 신체검사 – 운전교육훈련 – 운전면허시험

③ 신체검사 – 운전적성검사 – 운전면허시험 – 운전교육훈련

④ 운전적성검사 – 신체검사 – 운전면허시험 – 운전교육훈련

ADIVICE 운전면허시험에 응시하려는 사람은 신체검사 및 운전적성검사에 합격한 후 운전교육훈련을 받아야 한다〈철도안전법 제13조〉.

☑ ANSWER 14.① 15.② 16.① 17.④ 18.① 19.①

20 철도안전법령상 철도차량 운전면허시험과 관련이 없는 것은?

① 신체검사

② 운전적성검사

③ 인적성검사

④ 운전교육훈련

ADIVICE 운전면허시험에 응시하려는 사람은 신체검사 및 운전적성검사에 합격한 후 운전교육훈련을 받아야 한다〈철도안전법 제17조 제2항〉.

21 철도안전법령상 운전면허증의 재발급이나 기재사항 변경을 신청할 수 있는 경우는?

① 운전면허 취득자가 운전면허증을 잃어버린 경우

② 운전면허 취득자가 면허정지를 받은 경우

③ 운전면허 취득자가 면허증을 발급받은 지 3년이 지난 경우

④ 운전면허 취득자가 자동차운전면허를 취득한 경우

ADIVICE 운전면허 취득자가 운전면허증을 잃어버렸거나 운전면허증이 헐어서 쓸 수 없게 되었을 때 또는 운전면허증의 기재사항이 변경되었을 때에는 국토교통부령으로 정하는 바에 따라 운전면허증의 재발급이나 기재사항의 변경을 신청할 수 있다〈철도안전법 제18조 제2항〉.

22 철도안전법령상 운전면허의 갱신에 대한 설명으로 옳지 않은 것은?

① 운전면허갱신은 운전면허의 유효기간 만료 전에 국토교통부령으로 정하는 바에 따라 받아야 한다.

② 운전면허의 갱신을 받지 않으면 운전면허의 유효기간이 만료되는 30일 후부터 운전면허의 효력이 정지된다.

③ 국토교통부장관은 운전면허 취득자에게 운전면허의 갱신에 관한 내용을 통지하여야 한다.

④ 운전면허의 효력이 실효된 사람이 운전면허를 다시 받을 경우 그 절차의 일부를 면제할 수 있다.

ADIVICE ② 운전면허 취득자가 운전면허의 갱신을 받지 아니하면 그 운전면허의 유효기간이 만료되는 날의 다음 날부터 그 운전면허의 효력이 정지된다〈철도안전법 제19조 제4항〉.

① 철도안전법 제19조 제2항

③ 철도안전법 제19조 제6항

④ 철도안전법 제19조 제7항

23 철도안전법령상 운전면허의 효력이 실효된 사람이 3년 이내에 동일한 운전면허를 취득하고자 할 때 〈보기〉에 해당하는 경우 취득절차에서 일부 면제되는 분야는?

〈보기〉
- 운전면허의 갱신을 신청하는 날 전 10년 이내에 국토교통부령으로 정하는 철도차량의 운전업무에 종사한 경력이 있거나 국토교통부령으로 정하는 바에 따라 이와 같은 수준 이상의 경력이 있다고 인정되는 경우
- 국토교통부령으로 정하는 교육훈련을 받은 경우

---

① 운전교육훈련 면제
② 운전면허시험 중 필기시험 면제
③ 운전교육훈련과 운전면허시험 중 필기시험 면제
④ 운전면허시험 중 필기시험과 기능시험 면제

> **ADIVICE** 취득절차의 일부면제〈철도안전법 시행령 제20조〉
> ㉠ 위의 〈보기〉에 해당하는 경우 : 운전교육훈련과 운전면허시험 중 필기시험 면제
> ㉡ 위의 〈보기〉에 해당하지 않는 경우 : 운전교육훈련 면제

24 철도안전법령상 운전면허를 반드시 취소해야 하는 경우로 옳지 않은 것은?

① 운전면허증을 다른 사람에게 빌려주었을 때
② 음주나 약물사용 상태의 확인 또는 검사를 거부하였을 때
③ 운전면허의 효력정지기간 중 철도차량을 운전하였을 때
④ 거짓이나 그 밖의 부정한 방법으로 운전면허를 받았을 때

> **ADIVICE** 운전면허를 취소해야 하는 경우〈철도안전법 제20조 제1항〉
> ㉠ 거짓이나 그 밖의 부정한 방법으로 운전면허를 받았을 때
> ㉡ 정신질환자 또는 뇌전증환자로 해당분야의 전문의가 운전할 수 없다고 인정하는 사람
> ㉢ 약물(마약류 및 환각물질) 또는 알코올 중독자
> ㉣ 두 귀의 청력 또는 두 눈의 시력을 완전히 상실한 사람
> ㉤ 운전면허의 효력정지기간 중 철도차량을 운전하였을 때
> ㉥ 운전면허증을 다른 사람에게 빌려주었을 때

---

25 철도안전법령상 운전면허의 취소·정지 등에 대한 설명으로 옳지 않은 것은?

① 운전면허의 취소·정지처분을 한 경우에는 운전면허 취득자와 운전면허 취득자를 고용하고 있는 철도운영자등에게 통지하여야 한다.

② 효력이 정지된 운전면허증은 보관하였다가 정지기간이 끝나면 즉시 돌려주어야 한다.

③ 취소 및 효력정지 처분의 세부기준 및 절차는 국토교통부령으로 정한다.

④ 운전면허증을 다른 사람에게 빌려주었거나 빌린 경우에는 운전면허의 효력을 정지시킨다.

> **ADIVICE** ④ 운전면허증을 다른 사람에게 빌려주었을 때에는 운전면허를 취소하여야 한다〈철도안전법 제20조 제1항 제4호〉.
> ① 철도안전법 제20조 제2항
> ② 철도안전법 제20조 제4항
> ③ 철도안전법 제20조 제5항

26 철도안전법령상 철도종사자의 준수사항 중 운전면허의 취소 또는 정지사유에 해당하는 경우로 옳지 않은 것은?

① 철도차량 운행에 관한 안전수칙의 준수사항을 위반하였을 때

② 철도사고등이 발생한 경우 사고현장의 이탈을 금지해야 하는 규정을 위반하였을 때

③ 철도차량 출발 전 조치사항 준수사항을 위반하였을 때

④ 여객열차에서의 금지행위에 관한 사항을 안내하지 않았을 때

> **ADIVICE** 운전면허의 취소 또는 정지사유에 해당하는 운전업무종사자와 여객승무원의 준수사항 위반행위〈철도안전법 제20조 제1항 제5의2호〉
> ㉠ 철도종사자가 철도차량 출발 전 조치사항 준수사항을 위반하였을 때
> ㉡ 철도종사자가 철도차량 운행에 관한 안전수칙의 준수사항을 위반하였을 때
> ㉢ 운전업무종사자와 여객승무원이 철도사고등이 발생한 경우 사고현장의 이탈을 금지해야 하는 사항을 위반하였을 때
> ㉣ 운전업무종사자와 여객승무원이 철도사고등의 발생 시 철도차량 내 안전 및 질서유지를 위하여 승객 구호조치 등 후속조치를 이행해야 하는 준수사항을 위반하였을 때

27 철도안전법령상 철도안전 및 질서유지를 위한 명령·처분을 위반하여 운전면허 정지처분을 할 경우 정지처분의 최대 기간은?

① 6개월
② 9개월
③ 1년
④ 2년

ADIVICE 국토교통부장관은 운전면허 취득자가 철도안전법을 위반한 경우에는 운전면허를 취소하거나 1년 이내의 기간을 정하여 운전면허의 효력을 정지시킬 수 있다〈철도안전법 제20조 제1항 제8호〉.

28 철도안전법령상 철도차량의 운전업무에 종사하려는 사람이 이수하여야 하는 것은?

① 운전교육훈련
② 실무수습
③ 실무역량교육
④ 전문교육훈련

ADIVICE 철도차량의 운전업무에 종사하려는 사람은 국토교통부령으로 정하는 바에 따라 실무수습을 이수하여야 한다〈철도안전법 제21조〉.

CHAPTER

04 철도교통관제사 자격증명

1 철도안전법령상 관제자격증명에 대한 설명으로 옳지 않은 것은?

① 관제자격증명이란 국토교통부장관으로부터 받아야 하는 철도교통관제사 자격증명을 말한다.
② 도시철도 차량에 관한 관제업무에 종사하기 위해서는 도시철도 관제자격증명을 받아야 한다.
③ 철도 관제자격증명이 있는 사람은 도시철도 차량의 관제업무에 종사할 수 없다.
④ 관제자격증명은 19세 이상인 사람이 받을 수 있다.

ADIVICE ③ 철도차량에 관한 관제업무(도시철도 차량에 관한 관제업무를 포함한다)에 종사하기 위해서는 철도 관제자격증명을 받아야 한다〈철도안전법 시행령 제20조의2 제2호〉.

2 철도안전법령상 관제자격증명을 종류별로 구분하는 기준으로 옳은 것은?

① 대통령령
② 국토교통부령
③ 국가기술자격법령
④ 철도안전법령

ADIVICE 관제자격증명은 대통령령으로 정하는 바에 따라 관제업무의 종류별로 받아야 한다〈철도안전법 제21조의3 제2항〉.

3 철도안전법령상 관제자격증명의 결격사유에 해당하지 않는 사람은?

① 관제자격증명이 취소된 날부터 2년이 지나지 않은 사람

② 뇌전증환자로서 대통령령으로 정하는 사람

③ 한 쪽 눈의 시력을 완전히 상실한 사람

④ 관제자격증명의 효력이 정지기간 중에 있는 사람

ADIVICE 관제자격증명의 결격사유〈철도안전법 제21조의4〉

㉠ 19세 미만인 사람

㉡ 관제업무상의 위험과 장해를 일으킬 수 있는 정신질환자 또는 뇌전증환자로서 대통령령으로 정하는 사람

㉢ 관제업무상의 위험과 장해를 일으킬 수 있는 약물(마약류 및 환각물질) 또는 알코올 중독자로서 대통령령으로 정하는 사람

㉣ 두 귀의 청력 또는 두 눈의 시력을 완전히 상실한 사람

㉤ 관제자격증명이 취소된 날부터 2년이 지나지 아니하였거나 관제자격증명의 효력정지기간 중인 사람

※ 대통령령으로 정하는 사람 … 해당 분야 전문의가 정상적인 관제업무를 할 수 없다고 인정하는 사람을 말한다〈철도안전법 시행령 제12조〉.

4 철도안전법령상 관제적성검사에 대한 설명으로 옳지 않은 것은?

① 관제적성검사는 관제업무에 적합한 적성을 갖추고 있는지를 판정하기 위한 검사이다.

② 국토교통부장관이 신체검사에 합격한 사람에 한해서 실시한다.

③ 관제자격증명을 받기 위해서는 관제적성검사에 합격해야 한다.

④ 국토교통부장관은 관제적성검사기관을 지정하여 관제적성검사를 하게 할 수 있다.

ADIVICE ①②③ 관제자격증명을 받으려는 사람은 관제업무에 적합한 적성을 갖추고 있는지 판정받기 위하여 국토교통부장관이 실시하는 검사인 관제적성검사에 합격하여야 한다〈철도안전법 제21조의6 제1항〉.

④ 철도안전법 제21조의6 제3항

☑ **ANSWER** 1.③ 2.① 3.③ 4.②

5 철도안전법령상 관제적성검사에 불합격한 사람이 관제적성검사를 받을 수 없는 기간은?

① 검사일부터 3개월　　　　　　　　② 검사일부터 6개월

③ 검사일부터 9개월　　　　　　　　④ 검사일부터 1년

> **ADIVICE** 관제적성검사를 받을 수 없는 기간〈철도안전법 제15조 제2항 준용〉
> ㉠ 관제적성검사에 불합격한 사람 : 검사일부터 3개월
> ㉡ 관제적성검사 과정에서 부정행위를 한 사람 : 검사일부터 1년
> ※ 관제적성검사의 방법 및 절차 등에 관하여는 철도안전법 제15조 제2항을 준용한다〈철도안전법 제21조의6 제2항〉.

6 철도안전법령상 다음에서 설명하고자 하는 것으로 옳은 것은?

> • 관제자격증명을 받으려는 사람은 관제업무의 안전한 수행을 위하여 국토교통부장관이 실시하는 관제업무에 필요한 지식과 능력을 습득할 수 있도록 받아야 한다.
> • 국토교통부령으로 정하는 바에 따라 일부절차를 면제할 수도 있다

① 관제적성검사　　　　　　　　　　② 관제교육훈련

③ 운전교육훈련　　　　　　　　　　④ 철도안전교육

> **ADIVICE** 관제교육훈련 … 관제자격증명을 받으려는 사람은 관제업무의 안전한 수행을 위하여 국토교통부장관이 실시하는 관제업무에 필요한 지식과 능력을 습득할 수 있는 교육훈련을 받아야 한다. 해당하는 사람에게는 국토교통부령으로 정하는 바에 따라 관제교육훈련의 일부를 면제할 수 있다〈철도안전법 제21조의7 제1항〉.

7 철도안전법령상 관제교육훈련의 일부를 면제할 수 있는 대상으로 옳지 않은 사람은?

① 관제자격증명을 받은 후 다른 종류의 관제자격증명을 받으려는 사람
② 철도차량의 운전업무에 대하여 5년 이상의 경력을 취득한 사람
③ 철도차량정비기술자의 자격을 취득한 사람
④ 학교에서 국토교통부령으로 정하는 관제업무 관련 교과목을 이수한 사람

> **ADIVICE** 국토교통부령으로 정하는 바에 따라 관제교육훈련의 일부를 면제할 수 있는 사람〈철도안전법 제21조의7 제1항〉.
> ㉠ 학교에서 국토교통부령으로 정하는 관제업무 관련 교과목을 이수한 사람
> ㉡ 철도차량의 운전업무 또는 철도신호기·선로전환기·조작판의 취급업무에 대하여 5년 이상의 경력을 취득한 사람
> ㉢ 관제자격증명을 받은 후 다른 종류의 관제자격증명을 받으려는 사람

8 철도안전법령상 5년 이상의 경력을 취득한 사람에게 관제교육훈련의 일부를 면제해 주는 업무로 옳지 않은 것은?

① 운행선로의 작업책임업무　　　　　② 철도신호기의 취급업무
③ 선로전환기의 취급업무　　　　　　④ 철도차량의 운전업무

> **ADVICE** 5년 이상의 경력을 취득한 사람에게 관제교육훈련의 일부를 면제해 주는 업무〈철도안전법 제21조의7 제1항 제2호〉
> ㉠ 철도차량의 운전업무
> ㉡ 철도신호기·선로전환기·조작판의 취급업무

9 철도안전법령상 관제적성검사기관과 관제교육훈련기관의 지정기준 및 지정절차 등에 필요한 사항을 정하는 것은?

① 각 기관에서 정한 규칙　　　　　　② 지방자치단체의 조례
③ 국토교통부령　　　　　　　　　　④ 대통령령

> **ADVICE** 관제적성검사기관과 관제교육훈련기관의 지정기준 및 지정절차 등에 필요한 사항은 대통령령으로 정한다〈철도안전법 제21조의6 제4항 및 21조의7 제4항〉.

10 철도안전법령상 관제교육훈련기관의 지정을 취소해야 하는 경우로 옳은 것은?

① 정지기간 중 관제교육훈련 업무를 하였을 때
② 정당한 사유 없이 관제교육훈련 업무를 거부하였을 때
③ 지정기준 및 지정절차에 맞지 아니하게 되었을 때
④ 부정한 방법이나 거짓으로 관제교육훈련 판정서를 발급하였을 때

> **ADVICE** 관제교육훈련기관의 지정을 취소해야 하는 경우〈철도안전법 제15조의2 제1항〉.
> ㉠ 거짓이나 그 밖의 부정한 방법으로 지정을 받았을 때
> ㉡ 업무정지 명령을 위반하여 그 정지기간 중 관제교육훈련 업무를 하였을 때
> ※ 관제교육훈련기관의 지정취소 및 업무정지 등에 관하여는 철도안전법 제15조의2를 준용한다〈철도안전법 제21조의7 제5항〉.

☑ **ANSWER**　5.①　6.②　7.③　8.①　9.④　10.①

11 철도안전법령상 관제교육훈련기관의 지정취소 및 업무정지해야 할 사항으로 옳지 않은 것은?

① 관제교육훈련업무를 정당한 사유 없이 거부하였을 때
② 부정한 방법으로 지정을 받았을 때
③ 지정기준에 맞지 아니하게 되었을 때
④ 결격사유에 해당하는 자가 관제교육훈련기관의 임원 중에 있을 때

>**ADIVICE** ④ 철도안전법 제15조의2 제1항 제1호
> ※ 국토교통부장관은 관제교육훈련기관이 다음의 어느 하나에 해당할 때에는 지정을 취소하거나 6개월 이내의 기간을 정하여 업무의 정지를 명할 수 있다. 다만, ㉠ 및 ㉡에 해당할 때에는 지정을 취소하여야 한다〈철도안전법 제15조의2 제1항〉.
> ㉠ 거짓이나 그 밖의 부정한 방법으로 지정을 받았을 때
> ㉡ 업무정지 명령을 위반하여 그 정지기간 중 관제교육훈련 업무를 하였을 때
> ㉢ 지정기준 및 지정절차에 맞지 아니하게 되었을 때
> ㉣ 정당한 사유 없이 관제교육훈련 업무를 거부하였을 때
> ㉤ 거짓이나 그 밖의 부정한 방법으로 관제교육훈련 판정서를 발급하였을 때
> ※ 관제교육훈련기관의 지정취소 및 업무정지 등에 관하여는 철도안전법 제15조의2를 준용한다〈철도안전법 제21조의7 제5항〉.

12 철도안전법령상 관제자격증명시험의 실시방법은?

① 신체검사 및 관제적성검사
② 학과시험 및 실기시험
③ 관제적성검사 및 관제교육훈련
④ 관제적성검사 및 학과시험

>**ADIVICE** 관제자격증명시험 … 관제자격증명을 받으려는 사람은 관제업무에 필요한 지식 및 실무역량에 관하여 국토교통부장관이 실시하는 학과시험 및 실기시험에 합격하여야 한다〈철도안전법 제21조의8 제1항〉.

13 철도안전법령상 국토교통부령으로 정하는 바에 따라 관제자격증명시험의 일부를 면제받을 수 있는 사람은?

① 운전면허를 받은 사람
② 관제적성검사에 합격한 사람
③ 관제교육훈련기관에서 관제업무에 대하여 5년 이상의 경력을 취득한 사람
④ 관제교육훈련을 받은 사람

>**ADIVICE** 관제자격증명시험의 일부를 면제할 수 있는 사람〈철도안전법 제21조의8 제3항〉.
> ㉠ 운전면허를 받은 사람
> ㉡ 관제자격증명을 받은 후 다른 종류의 관제자격증명에 필요한 시험에 응시하려는 사람

14 철도안전법령상 철도차량 관제자격증명서 재발급 받을 수 있는 경우로 옳지 않은 것은?

① 관제자격증명서의 기재사항이 변경되었을 때

② 관제자격증명서를 잃어버렸을 때

③ 관제자격증명서의 효력이 정지되어 보관 중일 때

④ 관제자격증명서가 헐어서 쓸 수 없게 되었을 때

ADIVICE 관제자격증명 취득자가 관제자격증명서를 잃어버렸거나 관제자격증명서가 헐어서 쓸 수 없게 되었을 때 또는 관제자격증명서의 기재사항이 변경되었을 때에는 국토교통부령으로 정하는 바에 따라 관제자격증명서의 재발급이나 기재사항의 변경을 신청할 수 있다〈철도안전법 제21조의9 → 철도안전법 제18조 제2항 준용〉.

15 철도안전법령상 관제자격증명의 갱신을 위해 필요한 요건으로 옳지 않은 것은?

① 유효기간이 만료된 경우

② 관제업무에 종사한 경력이 있는 경우

③ 국토교통부령으로 정하는 교육훈련을 이수한 경우

④ 유효기간 만료 후 3개월 이내인 경우

ADIVICE ④ 관제자격증명 취득자로서 유효기간 이후에도 그 관제자격증명의 효력을 유지하려는 사람은 관제자격증명의 유효기간 만료 전에 국토교통부령으로 정하는 바에 따라 관제자격증명의 갱신을 받아야 한다〈철도안전법 제21조의9 → 철도안전법 제19조 제2항 준용〉.

※ 관제자격증명의 갱신 신청자 중 관제자격증명서를 갱신하여 발급해야 하는 경우〈철도안전법 제21조의9 → 철도안전법 제19조 제3항 준용〉

㉠ 관제자격증명의 갱신을 신청하는 날 전 10년 이내에 국토교통부령으로 정하는 관제업무에 종사한 경력이 있거나 국토교통부령으로 정하는 바에 따라 이와 같은 수준 이상의 경력이 있다고 인정되는 경우

㉡ 국토교통부령으로 정하는 교육훈련을 받은 경우

16 철도안전법령상 유효기간이 만료된 관제자격증명의 갱신을 받지 않을 경우 관제자격증명의 효력이 정지되는 시기로 옳은 것은?

① 유효기간 만료 다음 날

② 유효기간 만료 10일 후

③ 국토교통부령으로 정하는 기한

④ 효력정지의 예고통지를 받은 다음 날

> **ADIVICE** 관제자격증명 취득자가 관제자격증명의 갱신을 받지 아니하면 그 관제자격증명의 유효기간이 만료되는 날의 다음 날부터 그 관제자격증명의 효력이 정지된다〈철도안전법 제21조의9 → 철도안전법 제19조 제4항 준용〉.

17 철도안전법령상 다음에서 관제자격증명서를 다른 사람에게 빌려주었을 경우의 처분으로 옳은 것은?

> 누구든지 관제자격증명서를 다른 사람에게 빌려주거나 빌리거나 이를 알선하여서는 아니 된다.

① 6개월 이내의 기간을 정하여 관제자격증명의 효력을 정지시킬 수 있다.

② 관제자격증명을 취소하여야 한다.

③ 1년 이내의 기간을 정하여 관제자격증명의 효력을 정지시킬 수 있다.

④ 1천만 원 이하의 과태료를 부과한다.

> **ADIVICE** ② 관제자격증명서를 다른 사람에게 빌려주었을 때에는 관제자격증명을 취소하여야 한다〈철도안전법 제21조의11 제1항 제4호〉.
>
> ※ 관제자격증명서를 다른 사람에게 빌려주거나 빌리거나 이를 알선한 사람은 1년 이하의 징역 또는 1천만 원 이하의 벌금에 처한다〈철도안전법 제79조 제4항 제3의4호〉.

18 철도안전법령상 음주상태에서 관제업무를 수행하였을 경우 관제자격증명의 효력을 정지시킬 수 있는 기간은?

① 3개월 이내   ② 6개월 이내

③ 1년 이내   ④ 2년 이내

> **ADIVICE** 국토교통부장관은 관제자격증명을 받은 사람이 술을 마시거나 약물을 사용한 상태에서 관제업무를 수행하였을 때에는 관제자격증명을 취소하거나 1년 이내의 기간을 정하여 관제자격증명의 효력을 정지시킬 수 있다〈철도안전법 제21조의11 제1항 제7호〉.

19 철도안전법령상 관제자격증명의 취소 또는 효력정지 처분에 대한 설명으로 옳지 않은 것은?

① 취소 또는 효력정지 통지를 받으면 관제자격증명서를 국가철도공단에 반납해야 한다.

② 취소 또는 효력정지의 통지를 받은 날부터 15일 이내에 관제자격증명서를 반납해야 한다.

③ 관제자격증명서를 반납 받았을 때에는 정지기간이 끝나면 즉시 돌려주어야 한다.

④ 취소 및 효력정지 처분의 세부기준 및 절차는 국토교통부령으로 정한다.

> **ADVICE** ①② 관제자격증명의 취소 또는 효력정지 통지를 받은 관제자격증명 취득자는 그 통지를 받은 날부터 15일 이내에 관제자격증명서를 국토교통부장관에게 반납하여야 한다〈철도안전법 제21조의11 제2항 → 법 제20조 제3항 준용〉.
> ③ 철도안전법 제21조의11 제2항 → 법 제20조 제4항 준용
> ④ 철도안전법 제21조의11 제2항 → 법 제20조 제5항 준용

20 철도안전법령상 다음 ( ) 안에 알맞은 것은?

> 관제업무에 종사하려는 사람은 국토교통부령으로 정하는 바에 따라( )을 이수하여야 한다.

① 관제수습훈련   ② 관제업무교육훈련

③ 실무역량교육   ④ 실무수습

> **ADVICE** 관제업무 실무수습 … 관제업무에 종사하려는 사람은 국토교통부령으로 정하는 바에 따라 실무수습을 이수하여야 한다〈철도안전법 제22조〉.

---

05 철도종사자 및 철도차량정비기술사

1 철도안전법령상 운전업무종사자 등의 관리에 대한 설명으로 옳은 것은?

① 국토교통부령으로 정하는 업무에 종사하는 철도종사자는 신체검사와 적성검사를 정기적으로 받아야 한다.

② 철도운영자등은 철도종사자의 신체검사와 적성검사에 대하여 합격과 불합격을 결정해야 한다.

③ 국토교통부장관은 신체검사와 적성검사를 위탁할 수 있다.

④ 철도종사자로서 적성검사에 불합격한 사람은 검사일부터 6개월 기간 동안 적성검사를 받을 수 없다.

ADIVICE ① 철도차량 운전·관제업무 등 대통령령으로 정하는 업무에 종사하는 철도종사자는 정기적으로 신체검사와 적성검사를 받아야 한다〈철도안전법 제23조 제1항〉.

③ 철도운영자등은 신체검사와 적성검사를 신체검사 실시 의료기관 및 운전적성검사기관·관제적성검사기관에 각각 위탁할 수 있다〈철도안전법 제23조 제5항〉.

④ **적성검사의 제한**〈철도안전법 제23조 제4항〉
  ㉠ 적성검사에 불합격한 사람 : 검사일부터 3개월의 기간 동안 적성검사 제한
  ㉡ 적성검사 과정에서 부정행위를 한 사람 : 검사일부터 1년의 기간 동안 적성검사 제한

② 철도운영자등은 철도차량 운전·관제업무 등에 종사하는 철도종사자가 신체검사·적성검사에 불합격하였을 때에는 그 업무에 종사하게 하여서는 아니 된다〈철도안전법 제23조 제3항〉.

2 철도안전법령상 철도운영자등이 고용한 철도종사자가 적정한 직무수행을 할 수 있도록 정기적으로 실시해야 하는 교육으로 옳은 것은?

① 안전교육   ② 심리교육

③ 직무교육   ④ 응급처치교육

ADIVICE 철도운영자등은 자신이 고용하고 있는 철도종사자가 적정한 직무수행을 할 수 있도록 정기적으로 직무교육을 실시하여야 한다〈철도안전법 제24조 제2항〉.

3 철도안전법령상 철도차량정비기술자로 인정받은 사람이 발급받는 증명서의 이름은 무엇인가?

① 철도차량정비수료증
② 철도차량정비경력증
③ 국가철도차량정비자격증
④ 철도차량정비교육인증

> **ADIVICE** 국토교통부장관은 자격인정신청인을 철도차량정비기술자로 인정하면 철도차량정비기술자로서의 등급 및 경력 등에 관한 철도차량정비경력증을 그 철도차량정비기술자에게 발급하여야 한다〈철도안전법 제24조의2 제3항〉.
> ※ 철도차량정비기술자 인정의 신청, 철도차량정비경력증의 발급 및 관리 등에 필요한 사항은 국토교통부령으로 정한다〈철도안전법 제24조의2 제4항〉.

4 철도안전법령상 철도차량정비기술자로 인정하는 기준에서 등급구분과 역량지수가 잘못 연결된 것은?

① 1등급 철도차량정비기술자 : 80점 이상
② 2등급 철도차량정비기술자 : 60점 이상 80점 미만
③ 3등급 철도차량정비기술자 : 40점 이상 60점 미만
④ 4등급 철도차량정비기술자 : 20점 이상 40점 미만

> **ADIVICE** 철도차량정비기술자의 등급별 세부 인정기준〈철도안전법 시행령 제21조의2 별표 1의3 제1호〉
>
> | 등급구분 | 역량지수 |
> | --- | --- |
> | 1등급 철도차량정비기술자 | 80점 이상 |
> | 2등급 철도차량정비기술자 | 60점 이상 80점 미만 |
> | 3등급 철도차량정비기술자 | 40점 이상 60점 미만 |
> | 4등급 철도차량정비기술자 | 10점 이상 40점 미만 |

5 철도안전법령상 철도차량정비기술자 인정기준에서 역량지수의 계산식은?

① 역량지수 = 자격별 경력점수 + 학력점수
② 역량지수 = 학력점수 − 자격별 경력점수
③ 역량지수 = 자격별 경력점수 × 학력점수
④ 역량지수 = 학력점수 ÷ 자격별 경력점수

> **ADIVICE** 역량지수 = 자격별 경력점수 + 학력점수〈철도안전법 시행령 제21조의2 별표 1의3 제2호〉

☑ **ANSWER** 1.② 2.③ 3.② 4.④ 5.①

6 철도안전법령상 철도차량정비기술자를 인정하는 기준에 있어서 역량지수를 계산할 때 국가기술자격의 경력점수로 옳지 않은 것은?

① 기술사 및 기능장 : 10점 / 년

② 기사 : 8점 / 년

③ 기능사 : 6점 / 년

④ 국가기술자격증이 없는 경우 : 4점 / 년

ADIVICE ④ 국가기술자격증이 없는 경우는 3점 / 년이다.

※ **자격별 경력점수**〈철도안전법 시행령 제21조의2 별표 1의3 제2호 가목〉

국가기술자격 구분	점수
기술사 및 기능장	10점 / 년
기사	8점 / 년
산업기사	7점 / 년
기능사	6점 / 년
국가기술자격증이 없는 경우	3점 / 년

7 철도안전법령상 철도차량정비기술자의 인정기준에서 역량지수를 계산할 때 국가기술자격의 경력점수로 제외되는 경우로 틀린 것은?

① 국가기술자격을 취득한 이후의 경력

② 철도차량정비업무 외의 경력으로 확인된 기간의 경력

③ 야간학교 재학 중의 경력

④ 현장실습계약에 따라 산업체에 근무한 경력

ADIVICE ③ 야간학교가 아니고 주간학교 재학 중의 경력은 제외한다〈철도안전법 시행령 제21조의2 별표 1의3 제2호 가목〉.

8 철도안전법령상 철도차량정비기술자의 인정기준에서 역량지수를 계산할 때 고등학교 기계·전기학과 졸업자의 학력점수는?

① 10점   ② 8점
③ 5점   ④ 3점

> **ADVICE** 학력점수〈철도안전법 시행령 제21조의2 별표 1의3 제2호 나목〉

학력 구분	점 수	
	철도차량정비 관련 학과	철도차량정비 관련 학과 외의 학과
석사 이상	25점	10점
학사	20점	9점
전문학사(3년제)	15점	8점
전문학사(2년제)	10점	7점
고등학교 졸업	5점	

> ※ **철도차량정비 관련 학과** … 철도차량 유지보수와 관련된 학과 및 기계·전기·전자·통신 관련 학과를 말한다.

9 철도안전법령상 철도차량정비기술자의 인정기준에서 역량지수를 계산할 때 학력점수에 대한 설명으로 옳지 않은 것은?

① 철도차량정비 관련 학과의 석사 이상의 학력소지자가의 학력점수는 25점이다.
② 철도차량정비 관련 학과 외의 학사 학력소지자가의 학력점수는 10점이다.
③ 철도차량정비 관련 학과의 전문학사(2년제)의 학력소지자가의 학력점수는 10점이다.
④ 철도차량정비 관련 학과 외의 전문학사(3년제)의 학력소지자가의 학력점수는 8점이다.

> **ADVICE** ② 철도차량정비 관련 학과 외의 학사 학력소지자가의 학력점수는 9점이다〈철도안전법 시행령 제21조의2 별표 1의3 제1호 나목〉.
> ※ **철도차량정비 관련 학과** … 철도차량 유지보수와 관련된 학과 및 기계·전기·전자·통신 관련 학과를 말한다.

10 철도안전법령상 철도차량정비기술자가 금지해야 할 사항으로 옳지 않은 것은?

① 철도차량정비기술자는 다른 사람이 자기의 이름으로 철도차량정비 업무를 수행하게 하여서는 아니 된다.
② 누구든지 다른 사람의 철도차량정비경력증을 빌려서는 아니 된다.
③ 철도차량정비경력증을 빌리거나 빌려주는 행위를 알선해서는 아니 된다.
④ 누구든지 철도차량정비경력증을 복사하여서는 아니 된다.

ADIVICE ④ 철도차량정비기술자는 자기의 성명을 사용하여 다른 사람에게 철도차량정비 업무를 수행하게 하거나 철도차량정비
경력증을 빌려 주어서는 아니 된다〈철도안전법 제24조의3 제1항〉.

11 철도안전법령상 정비교육훈련기관의 지정취소 및 업무정지 처분을 할 수 있는 주체는?

① 대통령
② 행정안전부장관
③ 국토교통부장관
④ 철도운영자

ADIVICE 국토교통부장관이 정비교육훈련기관이 철도안전법을 위반한 경우에는 지정을 취소하거나 6개월 이내의 기간을 정하여
업무의 정지를 명할 수 있다〈철도안전법 제24조의4 제5항 → 법 제15조의2 제1항 준용〉.

12 철도안전법령상 정비교육훈련기관이 부정한 방법으로 지정을 받았을 경우에 국토교통부장관이 취할
수 있는 조치로 옳은 것은?

① 과태료 부과
② 업무정지 명령
③ 지정취소 업무정지 명령
④ 지정을 취소

ADIVICE 거짓이나 그 밖의 부정한 방법으로 지정을 받았을 때에는 지정을 취소해야 한다〈철도안전법 제24조의4 제5항 → 법
제15조의2 제1항 제1호 준용〉.

13 철도안전법령상 정비교육훈련기관의 지정을 취소하거나 6개월 이내의 기간을 정하여 업무의 정지를 명할 수 있는 경우로 옳지 않은 것은?

① 부정한 방법으로 정비교육훈련기관의 지정을 받았을 때
② 정비교육훈련 업무를 정당한 사유 없이 거부하였을 때
③ 정비교육훈련기관의 지정기준에 맞지 않았음에도 지정을 받았을 때
④ 정비교육훈련 업무를 수행할 수 있는 전문인력을 확보하지 않았을 때

ADIVICE 운전적성검사기관의 지정취소 및 업무정지의 대상〈철도안전법 제24조의4 제5항 → 법 제15조의2 준용〉
ㄱ 거짓이나 그 밖의 부정한 방법으로 지정을 받았을 때
ㄴ 업무정지 명령을 위반하여 그 정지기간 중 정비교육훈련 업무를 하였을 때
ㄷ 지정기준에 맞지 아니하게 되었을 때
ㄹ 정당한 사유 없이 정비교육훈련 업무를 거부하였을 때
ㅁ 거짓이나 그 밖의 부정한 방법으로 정비교육훈련 수료증을 발급하였을 때
※ ㄱㄴ의 경우에는 지정을 취소하여야 한다〈철도안전법 제15조의2〉.

14 철도안전법령상 지정이 취소된 정비교육훈련기관의 설립자가 다시 정비교육훈련기관으로 지정될 수 있는 시점으로 옳은 것은?

① 지정이 취소된 날부터 6개월 후
② 지정이 취소된 날부터 1년 후
③ 지정이 취소된 날부터 2년 후
④ 지정이 취소된 날부터 3 후

ADIVICE 국토교통부장관은 지정이 취소된 정비교육훈련기관이나 그 기관의 설립·운영자 및 임원이 그 지정이 취소된 날부터 2년이 지나지 아니하고 설립·운영하는 검사기관을 정비교육훈련기관으로 지정하여서는 아니 된다〈철도안전법 제24조의4 제5항 → 법 제15조의2 제3항 준용〉.

15 철도안전법령상 정비교육훈련을 실시할 때의 교육시간은?

① 철도차량정비업무의 수행기간 3년마다 35시간 이상
② 철도차량정비업무의 수행기간 3년마다 25시간 이상
③ 철도차량정비업무의 수행기간 5년마다 35시간 이상
④ 철도차량정비업무의 수행기간 5년마다 25시간 이상

ADIVICE 정비교육훈련에서의 교육시간은 철도차량정비업무의 수행기간 5년마다 35시간 이상이다〈철도안전법 시행령 제21조의
3 제1항 제2호〉.
※ 정비교육훈련에 필요한 구체적인 사항은 국토교통부령으로 정한다〈철도안전법 시행령 제21조의3 제2항〉.

16 철도안전법령상 정비교육훈련기관으로 지정되기 위해 갖추어야 할 기준으로 옳지 않은 것은?

① 상설 전담조직을 갖출 것
② 전문인력을 확보할 것
③ 교육장에 영상기록장치를 설치할 것
④ 운영에 관한 업무규정을 갖출 것

ADIVICE 정비교육훈련기관 지정기준〈철도안전법 시행령 제21조의4 제1항〉
㉠ 정비교육훈련 업무 수행에 필요한 상설 전담조직을 갖출 것
㉡ 정비교육훈련 업무를 수행할 수 있는 전문인력을 확보할 것
㉢ 정비교육훈련에 필요한 사무실, 교육장 및 교육 장비를 갖출 것
㉣ 정비교육훈련기관의 운영 등에 관한 업무규정을 갖출 것

17 철도안전법령상 정비교육훈련기관 지정기준에 포함되지 않는 것은?

① 전문인력 확보
② 업무규정 및 정비관련서적 구비
③ 교육장비 구비
④ 상설 전담조직 보유

ADIVICE 정비교육훈련기관 지정기준〈철도안전법 시행령 제21조의4 제1항〉
㉠ 정비교육훈련 업무 수행에 필요한 상설 전담조직을 갖출 것
㉡ 정비교육훈련 업무를 수행할 수 있는 전문인력을 확보할 것
㉢ 정비교육훈련에 필요한 사무실, 교육장 및 교육 장비를 갖출 것
㉣ 정비교육훈련기관의 운영 등에 관한 업무규정을 갖출 것

18 철도안전법령상 정비교육훈련기관 지정절차에서 국토교통부장관이 고려해야 할 사항에 포함되는 것은?

① 철도차량정비기술자의 수급 상황
② 철도차량의 모델 및 수량
③ 철도운영자의 자산규모
④ 정비교육훈련기관의 수익성

ADIVICE 국토교통부장관은 정비교육훈련기관 지정 신청을 받으면 지정기준을 갖추었는지 여부 및 철도차량정비기술자의 수급 상황 등을 종합적으로 심사한 후 그 지정 여부를 결정해야 한다〈철도안전법 시행령 제21조의4 제3항〉.

19 철도안전법령상 국토교통부장관이 정비교육훈련기관을 지정한 후 고시해야 할 사항으로 옳지 않은 것은?

① 정비교육훈련기관의 명칭 및 소재지
② 정비교육훈련기관의 교육비용
③ 대표자의 성명
④ 정비교육훈련에 중요한 영향을 미치는 사항

ADIVICE 국토교통부장관이 정비교육훈련기관을 지정할 때에 관보에 고시해야 할 사항〈철도안전법 시행령 제21조의4 제4항〉.
  ㉠ 정비교육훈련기관의 명칭 및 소재지
  ㉡ 대표자의 성명
  ㉢ 정비교육훈련에 중요한 영향을 미친다고 국토교통부장관이 인정하는 사항

ANSWER 15.③ 16.③ 17.② 18.① 19.②

20 철도안전법령상 정비교육훈련기관이 변경사항을 통지할 때 통지사항으로 옳지 않은 것은?

① 대표자 및 임원의 성명
② 정비교육훈련기관의 명칭
③ 국토교통부장관이 인정하는 사항
④ 정비교육훈련기관의 소재지

> **ADVICE** 정비교육훈련기관이 변경사항을 통지해야 하는 사항〈철도안전법 시행령 제21조의5 제1항 → 제21조의4 제4항〉
> ㉠ 정비교육훈련기관의 명칭
> ㉡ 정비교육훈련기관의 소재지
> ㉢ 대표자의 성명
> ㉣ 정비교육훈련에 중요한 영향을 미친다고 국토교통부장관이 인정하는 사항
> ※ 국토교통부장관은 통지를 받은 때에는 그 내용을 관보에 고시해야 한다〈철도안전법 시행령 제21조의5 제2항〉.

21 철도안전법령상 철도차량정비기술자의 인정이 취소되어야 하는 경우로 옳지 않은 것은?

① 철도차량정비경력증을 다른 사람에게 대여한 경우
② 자격기준에 해당하지 않게 된 경우
③ 철도차량정비 업무 중 고의로 철도사고를 발생시킨 경우
④ 거짓이나 부정한 방법으로 인정받은 경우

> **ADVICE** ① 다른 사람에게 철도차량정비경력증을 빌려 준 경우에는 1년의 범위에서 철도차량정비기술자의 인정을 정지시킬 수 있다〈철도안전법 제24조의5 제2항〉.
> ※ 철도차량정비기술자의 인정을 취소해야 하는 경우〈철도안전법 제24조의5 제1항〉
> ㉠ 거짓이나 그 밖의 부정한 방법으로 철도차량정비기술자로 인정받은 경우
> ㉡ 자격기준에 해당하지 아니하게 된 경우
> ㉢ 철도차량정비 업무 수행 중 고의로 철도사고의 원인을 제공한 경우

22 철도안전법령상 철도차량정비기술자가 다른 사람에게 철도차량정비경력증을 빌려 준 경우 철도차량정비경력증의 인정을 정지할 수 있는 범위는?

① 6개월   ② 10개월
③ 1년   ④ 2년

> **ADVICE** 국토교통부장관은 철도차량정비기술자가 다른 사람에게 철도차량정비경력증을 빌려 준 경우 1년의 범위에서 철도차량정비기술자의 인정을 정지시킬 수 있다〈철도안전법 제24조의5 제2항〉.

CHAPTER 06 철도차량 운행안전 및 운수종사자

1 철도안전법령상 국토교통부장관이 철도차량의 안전한 운행을 위하여 취할 수 있는 조치로 옳지 않은 것은?

① 철도시설 내 사람의 통행제한
② 철도차량의 운행제한
③ 철도종사자에 대한 벌금 부과
④ 자동차의 운행제한

ADIVICE 국토교통부장관은 철도차량의 안전한 운행을 위하여 철도시설 내에서 사람, 자동차 및 철도차량의 운행제한 등 필요한 안전조치를 취할 수 있다〈철도안전법 제39조의2 제3항〉.

2 철도안전법령상 영상기록장치의 설치·운영목적으로 옳지 않은 것은?

① 철도차량의 운행상황 기록
② 교통사고의 상황파악
③ 안전사고 방지 및 범죄의 예방
④ 철도종사자의 업무상황 파악

ADIVICE 영상기록장치의 설치·운영목적〈철도안전법 제39조의3 제1항〉
  ㉠ 철도차량의 운행상황 기록
  ㉡ 교통사고 상황 파악
  ㉢ 안전사고 방지
  ㉣ 범죄 예방

---

3 철도안전법령상 영상기록장치를 설치·운영해야 하는 철도차량으로 옳은 것은?

① 승객설비를 갖추고 여객을 수송하는 객차   ② 화물을 수송하는 화차

③ 시운전하는 시험차   ④ 사고수리를 목적으로 제작된 사고복구용차

> **ADIVICE** 영상기록장치를 설치해야 하는 철도차량 중 대통령령으로 정하는 동력차 및 객차〈철도안전법 시행령 제30조 제1항〉
> ㉠ 열차의 맨 앞에 위치한 동력차로서 운전실 또는 운전설비가 있는 동력차
> ㉡ 승객 설비를 갖추고 여객을 수송하는 객차
> ※ **철도차량** … 선로를 운행할 목적으로 제작된 동력차·객차·화차 및 특수차를 말한다〈철도산업발전기본법 제3조 제4호〉.

4 철도안전법령상 영상기록장치를 설치해야 하는 차량정비기지로 옳지 않은 곳은?

① 철도차량정비의 개발·시험 및 연구시설

② 고속철도차량을 정비하는 차량정비기지

③ 철도차량을 중정비하는 차량정비기지

④ 대지면적이 3천 제곱미터 이상인 차량정비기지

> **ADIVICE** 영상기록장치를 설치해야 하는 대통령령으로 정하는 차량정비기지〈철도안전법 시행령 제30조 제3항〉
> ㉠ 고속철도차량을 정비하는 차량정비기지
> ㉡ 철도차량을 중정비하는 차량정비기지
> ㉢ 대지면적이 3천 제곱미터 이상인 차량정비기지
> ※ **중정비** … 철도차량을 완전히 분해하여 검수·교환하거나 탈선·화재 등으로 중대하게 훼손된 철도차량을 정비하는 것을 말한다.

5 철도안전법령상 영상기록장치를 설치해야 하는 철도차량이나 철도시설에 해당하지 않는 것은?

① 철도차량 중 동력차 및 객차   ② 안전사고의 우려가 있는 승강장

③ 철도 관련 기념관   ④ 건널목 개량촉진법에 따른 건널목

> **ADIVICE** 영상기록장치를 설치·운영해야 하는 철도차량 또는 철도시설〈철도안전법 제39조의3 제1항〉
> ㉠ 철도차량 중 대통령령으로 정하는 동력차 및 객차
> ㉡ 승강장 등 대통령령으로 정하는 안전사고의 우려가 있는 역 구내
> ㉢ 대통령령으로 정하는 차량정비기지
> ㉣ 변전소 등 대통령령으로 정하는 안전확보가 필요한 철도시설
> ㉤ 대통령령으로 정하는 안전확보가 필요한 건널목

6 철도안전법령상 철도운영자등이 영상기록장치를 설치할 때 운전업무종사자나 여객 등이 쉽게 인식할 수 있도록 안내판을 설치해야 한다. 이 때 안내판의 설치기준을 정하고 있는 규정은?

① 대통령령
② 국토교통부령
③ 철도차량운전규칙
④ 철도운영자 운영규칙

ADIVICE 철도운영자등은 영상기록장치를 설치하는 경우 운전업무종사자, 여객 등이 쉽게 인식할 수 있도록 대통령령으로 정하는 바에 따라 안내판 설치 등 필요한 조치를 하여야 한다〈철도안전법 제39조의3 제2항〉.

7 철도안전법령상 영상기록장치의 설치·운영에 대한 설명으로 옳지 않은 것은?

① 영상기록장치의 설치 기준 및 방법 등은 국토교통부령으로 정한다.
② 철도운영자등은 운행기간 외에는 영상을 기록하여서는 아니 된다.
③ 철도운영자등은 영상기록장치를 설치하는 경우 운전업무종사자나 여객 등이 쉽게 인식할 수 있도록 필요한 조치를 하여야 한다.
④ 영상기록의 제공과 그 밖에 영상기록의 보관기준 및 보관기간 등에 필요한 사항은 국토교통부령으로 정한다.

ADIVICE ① 영상기록장치의 설치 기준 및 방법 등은 대통령령으로 정한다〈철도안전법 제39조의3 제1항〉.
② 철도안전법 제39조의3 제3항
③ 철도안전법 제39조의3 제2항
④ 철도안전법 제39조의3 제7항

8 철도안전법령상 영상기록장치를 설치해야 하는 건널목으로 옳은 곳은?

① 입체교차화 건널목

② 개량건널목으로 지정된 건널목

③ 구조 개량된 건널목

④ 철도와 도로가 평면교차되는 건널목

ADIVICE 영상기록장치를 설치해야 하는 대통령령으로 정하는 안전확보가 필요한 건널목 … 개량건널목으로 지정된 건널목(입체교차화 또는 구조 개량된 건널목은 제외한다)을 말한다〈철도안전법 시행령 제30조 제5항〉.

9 철도안전법령상 철도운영자등이 영상기록장치의 안내판을 설치할 때 포함되어야 할 사항으로 옳지 않은 것은?

① 영상기록장치의 촬영범위 및 촬영시간

② 영상기록장치의 설치목적

③ 영상기록장치의 제조사 정보 및 연락처

④ 영상기록장치 관리책임부서, 관리책임자의 성명 및 연락처

ADIVICE 안내판설치 시 표시해야 할 사항〈철도안전법 시행령 제31조〉.
ⓐ 영상기록장치의 설치목적
ⓑ 영상기록장치의 설치위치, 촬영범위 및 촬영시간
ⓒ 영상기록장치 관리책임부서, 관리책임자의 성명 및 연락처
ⓓ 철도운영자등이 필요하다고 인정하는 사항

10 철도안전법령상 영상기록장치의 운영·관리지침을 마련할 때 포함되어야 할 사항을 모두 고르면?

> ㉠ 영상기록을 안전하게 저장·전송할 수 있는 암호화 기술의 적용 또는 이에 상응하는 조치
> ㉡ 영상기록의 안전한 보관을 위한 보관시설의 마련 또는 잠금장치의 설치 등 물리적 조치
> ㉢ 영상기록장치의 설치·운영 및 관리에 필요한 사항
> ㉣ 영상기록 침해사고 발생에 대응하기 위한 접속기록의 보관 및 위조·변조 방지를 위한 조치
> ㉤ 영상기록 확인 시 인적사항 기록 및 영상기록 열람시간 제한에 관한 조치

① ㉠㉡㉢㉣
② ㉠㉡㉣㉤
③ ㉡㉢㉣㉤
④ ㉠㉡㉢㉣㉤

ADVICE 철도운영자등이 영상기록장치의 운영·관리 지침을 마련할 때 포함되어야 할 사항〈철도안전법 시행령 제32조〉
㉠ 영상기록장치의 설치근거 및 설치목적
㉡ 영상기록장치의 설치 대수, 설치 위치 및 촬영 범위
㉢ 관리책임자, 담당부서 및 영상기록에 대한 접근권한이 있는 사람
㉣ 영상기록의 촬영 시간, 보관기간, 보관장소 및 처리방법
㉤ 철도운영자등의 영상기록 확인 방법 및 장소
㉥ 정보주체의 영상기록 열람 등 요구에 대한 조치
㉦ 영상기록에 대한 접근 통제 및 접근 권한의 제한 조치
㉧ 영상기록을 안전하게 저장·전송할 수 있는 암호화 기술의 적용 또는 이에 상응하는 조치
㉨ 영상기록 침해사고 발생에 대응하기 위한 접속기록의 보관 및 위조·변조 방지를 위한 조치
㉩ 영상기록에 대한 보안프로그램의 설치 및 갱신
㉪ 영상기록의 안전한 보관을 위한 보관시설의 마련 또는 잠금장치의 설치 등 물리적 조치
㉫ 영상기록장치의 설치·운영 및 관리에 필요한 사항

11 철도안전법령상 철도운영자등은 영상기록장치에 기록된 영상이 분실·도난·유출·변조 또는 훼손되지 않도록 영상기록장치의 운영·관리지침을 마련해야 한다. 이 때 포함되어야 할 사항이 아닌 것은?

① 정보주체의 영상기록 열람 등 요구에 대한 조치
② 영상기록에 대한 보안프로그램의 연구 및 개발·설치·갱신
③ 영상기록에 대한 접근 통제 및 접근 권한의 제한 조치
④ 영상기록장치의 설치근거 및 설치목적

ADVICE ② 영상기록에 대한 보안프로그램의 설치 및 갱신에 관한 운영·관리지침을 마련해야 한다〈철도안전법 시행령 제32조 제10호〉.

☑**ANSWER** 8.② 9.③ 10.① 11.②

12 철도안전법령상 철도운영자등이 영상기록장치의 운영·관리 지침을 마련해야 하는 목적으로 옳지 않은 것은?

① 분실 및 도난 방지　　　　　　　　② 안전사고 방지

③ 유출 및 변조 방지　　　　　　　　④ 훼손방지

> **ADIVICE** 철도운영자등은 영상기록장치에 기록된 영상이 분실·도난·유출·변조 또는 훼손되지 아니하도록 대통령령으로 정하는 바에 따라 영상기록장치의 운영·관리 지침을 마련하여야 한다〈철도안전법 제39조의3 제5항〉.

13 철도안전법령상 열차운행을 일시중지할 수 있는 경우에 대한 설명으로 옳지 않은 것은?

① 국토교통부장관은 지진, 태풍 등으로 열차의 안전운행에 지장이 있는 경우에는 열차운행을 일시 중지할 수 있다.

② 열차운행에 중대한 장애가 발생할 것으로 예상되는 경우에는 열차운행을 일시 중지할 수 있다

③ 철도종사자는 열차운행의 중지 요청과 관련하여 고의 또는 중대한 과실이 없는 경우에는 민사상 책임을 지지 않는다.

④ 누구든지 열차운행의 중지를 요청한 철도종사자에게 이를 이유로 불이익한 조치를 할 수 없다.

> **ADIVICE** ① 철도운영자는 지진, 태풍, 폭우, 폭설 등 천재지변 또는 악천후로 인하여 재해가 발생하였거나 재해가 발생할 것으로 예상되어 열차의 안전운행에 지장이 있다고 인정하는 경우에는 열차운행을 일시 중지할 수 있다〈철도안전법 제40조 제1항〉.
> ② 철도안전법 제40조 제1항 제2호
> ③ 철도안전법 제40조 제3항
> ④ 철도안전법 제40조 제4항

14 철도안전법령상 철도차량 운전업무종사자가 철도차량 운전업무 수행 중 준수해야 할 사항으로 옳지 않은 것은?

① 철도사고가 발생하면 즉시 철도차량을 정지시킬 것

② 철도차량의 유지·보수를 직접 수행할 것

③ 철도차량 출발 전 국토교통부령으로 정하는 조치사항을 이행할 것

④ 철도차량 운행에 관한 안전수칙을 준수할 것

> **ADIVICE** 운전업무종사자가 철도차량의 운전업무 수행 중 준수해야 할 사항〈철도안전법 제40조의2 제1항〉
> ㉠ 철도차량 출발 전 국토교통부령으로 정하는 조치 사항을 이행할 것
> ㉡ 국토교통부령으로 정하는 철도차량 운행에 관한 안전 수칙을 준수할 것

15 철도안전법령상 운전업무종사자의 준수사항을 설명한 것으로 옳은 것은?

① 철도차량 출발 전 국토교통부령으로 정하는 조치 사항을 이행할 것

② 철도사고등의 발생 시 국토교통부령으로 정하는 조치 사항을 이행할 것

③ 국토교통부령으로 정하는 바에 따라 작업 수행 전에 작업원을 대상으로 안전교육을 실시할 것

④ 작업일정 및 열차의 운행일정을 작업수행 전에 조정할 것

ADIVICE ① 운전업무종사자의 준수해야 할 사항이다〈철도안전법 제40조의2 제1항 제1호〉.
② 관제업무종사자가 준수해야 할 사항이다〈철도안전법 제40조의2 제2항 제2호〉.
③ 작업책임자가 준수해야 할 사항이다〈철도안전법 제40조의2 제3항 제1호〉.
④ 철도운행안전관리자의 준수해야 할 사항이다〈철도안전법 제40조의2 제4항 제1호〉.
※ **철도사고등** … 철도사고, 철도준사고 및 운행장애를 말한다〈도시철도법 제40조의2 제2항 제2호〉.

16 철도안전법령상 작업책임자가 철도차량의 운행선로 인근에서 작업수행 중에 준수해야 할 사항으로 옳지 않은 것은?

① 작업수행 전에 작업원을 대상으로 안전교육을 실시할 것

② 작업안전에 관한 조치사항을 이행할 것

③ 작업 중 발생한 문제를 작업원이 직접 해결하도록 독려할 것

④ 안전장비 착용 등 작업원 보호에 관한 사항의 교육을 실시할 것

ADIVICE 작업책임자가 철도차량의 운행선로 또는 그 인근에서 철도시설의 건설 또는 관리와 관련된 작업수행 중 준수해야 할 사항〈철도안전법 제40조의2 제3항〉.
㉠ 국토교통부령으로 정하는 바에 따라 작업수행 전에 작업원을 대상으로 안전교육을 실시할 것
㉡ 국토교통부령으로 정하는 작업안전에 관한 조치 사항을 이행할 것

17 철도안전법령상 밑줄 친 ㉠의 협의 대상에 포함되는 않는 사람은?

> 작업일정 및 열차의 운행일정의 ㉠협의를 거친 경우에는 그 협의 내용을 국토교통부령으로 정하는 바에 따라 작성·보관하여야 한다.

① 철도운행안전관리자
② 관할 역의 관리책임자
③ 운전업무종사자
④ 관제업무종사자

ADIVICE 철도운행안전관리자와 관할 역의 관리책임자 및 관제업무종사자는 작업일정 및 열차의 운행일정을 작업과 관련하여 협의를 거친 경우에는 그 협의 내용을 국토교통부령으로 정하는 바에 따라 작성·보관하여야 한다〈철도안전법 제40 조의2 제6항〉.

18 철도안전법령상 약물사용 제한대상의 철도종사자로 옳지 않은 사람은?

① 작업책임자
② 철도역 편의시설의 판매업무 종사자
③ 열차의 조성업무를 수행하는 자
④ 정거장에서 철도신호기 및 조작판 등을 취급하는 사람

ADIVICE 업무 중 음주·약물 제한대상 철도종사자(실무수습 중인 사람 포함)〈철도안전법 제41조 제1항〉
  ㉠ 운전업무종사자
  ㉡ 관제업무종사자
  ㉢ 여객승무원
  ㉣ 작업책임자
  ㉤ 철도운행안전관리자
  ㉥ 정거장에서 철도신호기·선로전환기 및 조작판 등을 취급하거나 열차의 조성업무를 수행하는 사람
  ㉦ 철도차량 및 철도시설의 점검·정비 업무에 종사하는 사람
  ※ **조성업무** … 철도차량을 연결하거나 분리하는 작업을 말한다.

19 철도안전법령상 철도종사자가 술을 마시거나 약물을 사용한 상태에서 업무를 하였다고 인정할 만한 상당한 이유가 있을 때 확인 또는 검사를 할 수 있는 주체는?

① 국토교통부장관
② 경찰철장
③ 철도운영사의 사장
④ 철도노조위원장

ADIVICE 국토교통부장관 또는 시 · 도지사(도시철도 및 지방자치단체로부터 도시철도의 건설과 운영의 위탁을 받은 법인이 건설 · 운영하는 도시철도만 해당한다)는 철도안전과 위험방지를 위하여 필요하다고 인정하거나 철도종사자가 술을 마시거나 약물을 사용한 상태에서 업무를 하였다고 인정할 만한 상당한 이유가 있을 때에는 철도종사자에 대하여 술을 마셨거나 약물을 사용하였는지 확인 또는 검사할 수 있다〈철도안전법 제41조 제2항〉.

20 철도안전법령상 철도종사자가 음주상태로 업무를 수행했다고 판단하는 기준으로 옳은 것은?

① 혈중 알코올농도가 0.01퍼센트 이상인 경우
② 혈중 알코올농도가 0.02퍼센트 이상인 경우
③ 혈중 알코올농도가 0.05퍼센트 이상인 경우
④ 혈중 알코올농도가 0.10퍼센트 이상인 경우

ADIVICE 음주측정 확인 또는 약물사용여부의 검사결과 철도종사자가 술을 마시거나 약물을 사용하였다고 판단하는 기준은 혈중 알코올농도가 0.02퍼센트 이상인 경우이다〈철도안전법 제41조 제3항 제1호〉.
※ **철도종사자의 혈중 알코올농도 판단 기준이 0.03퍼센트 이상인 경우**〈철도안전법 제41조 제3항 제1호〉
  ㉠ 작업책임자
  ㉡ 철도운행안전관리자
  ㉢ 정거장에서 철도신호기 · 선로전환기 및 조작판 등을 취급하거나 열차의 조성업무를 수행하는 사람

21 철도안전법령상 철도종사자가 금지해야 할 사항에 대한 설명으로 옳지 않은 것은?

① 열차 내에서 흡연을 금지한다.
② 국토교통부장관의 허가를 받은 경우에는 위해물품을 열차에 휴대하거나 적재할 수 있다.
③ 술을 마시거나 약물을 사용한 상태에서 업무를 할 수 없다.
④ 무기 또는 화약류는 경찰청장의 허가를 받은 경우에는 휴대할 수 있다.

> **ADVICE** ②④ 누구든지 위해물품을 열차에서 휴대하거나 적재할 수 없다. 다만, 국토교통부장관 또는 시·도지사의 허가를 받은 경우 또는 국토교통부령으로 정하는 특정한 직무를 수행하기 위한 경우에는 그러하지 아니하다〈철도안전법 제42조 제1항〉.
> ※ **위해물품** … 무기, 화약류, 허가물질, 제한물질, 금지물질, 유해화학물질 또는 인화성이 높은 물질 등 공중이나 여객에게 위해를 끼치거나 끼칠 우려가 있는 물건 또는 물질을 말한다〈철도안전법 제42조 제1항〉.
> ① 철도안전법 제40조의3
> ③ 철도안전법 제41조 제1항

22 철도안전법령상 철도종사자의 업무 중 음주 및 약물사용 제한에 대한 설명으로 옳지 않은 것은?

① 시·도지사는 모든 철도종사자에 대하여 음주측정이나 약물사용여부에 대한 조사를 할 수 있다.
② 여객승무원의 혈중 알코올농도의 판단기준은 0.02퍼센트 이상이다.
③ 약물사용에 대한 판단 기준은 양성으로 판정된 경우로 한다.
④ 정거장에서 철도신호기·선로전환기 등을 취급하는 사람의 알코올농도의 판단기준은 0.03퍼센트 이상이다.

> **ADVICE** ① 시·도지사는 도시철도 및 지방자치단체로부터 도시철도의 건설과 운영의 위탁을 받은 법인이 건설·운영하는 도시철도의 철도종사자에 한하여 술을 마셨거나 약물을 사용하였는지 확인 또는 검사할 수 있다〈철도안전법 제41조 제2항〉.
> ②④ 철도안전법 제41조 제3항 제1호
> ③ 철도안전법 제41조 제3항 제2호
> ※ 확인 또는 검사의 방법·절차 등에 관하여 필요한 사항은 대통령령으로 정한다〈철도안전법 제41조 제4항〉.

23 철도안전법령상 위해물품의 휴대금지 대상에 포함되지 않는 것은?

① 무기

② 화약류

③ 도사견

④ 유해화학물질

ADIVICE 누구든지 무기, 화약류, 허가물질, 제한물질, 금지물질, 유해화학물질 또는 인화성이 높은 물질 등 공중이나 여객에게 위해를 끼치거나 끼칠 우려가 있는 물건 또는 물질을 열차에서 휴대하거나 적재할 수 없다. 다만, 국토교통부장관 또는 시 · 도지사의 허가를 받은 경우 또는 국토교통부령으로 정하는 특정한 직무를 수행하기 위한 경우에는 그러하지 아니하다〈철도안전법 제42조 제1항〉.

CHAPTER

07 철도차량 운행안전 및 철도보호

1 철도안전법령상 철도운영자가 철도로 운송할 수 없는 물질로 옳지 않은 것은?

① 뇌홍질화연

② 점화류를 붙인 폭약

③ 화약류

④ 사람에게 위해를 줄 수 있는 물질

> **ADIVICE** ② 화약류는 열차에서 휴대하거나 적재할 수는 없지만 국토교통부장관 또는 시·도지사의 허가를 받은 경우 또는 국토교통부령으로 정하는 특정한 직무를 수행하기 위한 경우에는 휴대하거나 적재할 수 있다〈철도안전법 제42조 제1항〉.
>
> ※ 운송위탁 및 운송금지 위험물〈철도안전법 시행령 제44조〉
> ⊙ 점화 또는 점폭약류를 붙인 폭약
> ⓒ 니트로글리세린
> ⓒ 건조한 기폭약
> ⓔ 뇌홍질화연에 속하는 것
> ⓜ 사람에게 위해를 주거나 물건에 손상을 줄 수 있는 물질로서 국토교통부장관이 정하여 고시하는 위험물

2 철도안전법령상 철도운행상의 위험방지 및 인명보호를 위한 위험물의 취급요건으로 옳지 않은 것은?

① 신속·정확

② 포장·적재

③ 적재·관리

④ 관리·운송

> **ADIVICE** 위험물취급 … 국토교통부령으로 정하는 바에 따라 철도운행상의 위험방지 및 인명보호를 위하여 위험물을 안전하게 포장·적재·관리·운송하여야 한다〈철도안전법 제44조 제1항〉.

3 철도안전법령상 대통령령으로 정하는 위험물에 해당하지 않는 것은?

① 화물의 성질상 철도시설·철도차량 등에 위해나 손상을 끼칠 우려가 있는 것
② 용기가 파손될 경우 내용물이 누출되어 철도차량 등을 부식시킬 우려가 있는 것
③ 마찰·충격 등 주위의 상황으로 인하여 발화할 우려가 있는 것
④ 뇌홍질화연에 속하는 것

ADIVICE ④는 운송위탁 및 운송금지 대상 위험물이다〈철도안전법 시행령 제44조 제4호〉.
①②③ 철도안전법 시행령 제45조

4 철도안전법령상 위험물을 철도로 운송하는데 사용되는 포장 및 용기의 안전성검사를 실시할 수 있는 주체는?

① 행정안전부장관
② 국토교통부장관
③ 한국화학물질관리협회
④ 철도운영자

ADIVICE ① 위험물을 철도로 운송하는 데 사용되는 포장 및 용기(부속품을 포함한다)를 제조·수입하여 판매하려는 자 또는 이를 소유하거나 임차하여 사용하는 자는 국토교통부장관이 실시하는 포장 및 용기의 안전성에 관한 검사에 합격하여야 한다〈철도안전법 제44조의2 제1항〉.

☑ **ANSWER** 1.③ 2.① 3.④ 4.②

5 철도안전법령상 국토교통부장관이 위험물 포장 · 용기의 검사기관지정을 취소해야 하는 경우는?

① 거짓이나 그 밖의 부정한 방법으로 지정받은 경우

② 용기의 합격기준을 위반하여 안전성에 관한 검사를 한 경우

③ 지정기준에 맞지 않게 된 경우

④ 포장의 검사방법을 위반하여 안전성검사를 한 경우

> **ADVICE** 위험물 포장 · 용기검사기관의 지정을 취소해야 하는 경우〈철도안전법 제44조의2 제6항〉
> ㉠ 거짓이나 그 밖의 부정한 방법으로 위험물 포장 · 용기검사기관으로 지정받은 경우
> ㉡ 업무정지 기간 중에 검사업무를 수행한 경우
> ②③④의 경우에는 그 지정을 취소하거나 6개월 이내의 기간을 정하여 그 업무의 전부 또는 일부의 정지를 명할 수 있다〈철도안전법 제44조의2 제6항〉.

6 철도안전법령상 다음에 해당하는 경우로 옳지 않은 것은?

> 국토교통부장관은 위험물 포장 · 용기검사기관의 지정을 취소하거나 6개월 이내의 기간을 정하여 그 업무의 전부 또는 일부의 정지를 명할 수 있다.

① 포장 및 용기의 검사방법을 위반하여 검사를 한 경우

② 검사를 받지 아니하고 포장 및 용기를 판매 또는 사용한 경우

③ 지정기준에 맞지 아니하게 된 경우

④ 업무정지 기간 중에 검사업무를 수행한 경우

> **ADVICE** ②는 500만 원 이하의 과태료를 부과한다〈철도안전법 제82조 제2항 제7의3호〉.
> ※ 위험물 포장 · 용기검사기관의 지정을 취소하거나 6개월 이내의 기간을 정하여 그 업무의 전부 또는 일부의 정지를 명할 수 있는 경우〈철도안전법 제44조의2 제6항〉.
> ㉠ 거짓이나 그 밖의 부정한 방법으로 위험물 포장 · 용기검사기관으로 지정받은 경우
> ㉡ 업무정지 기간 중에 검사업무를 수행한 경우
> ㉢ 포장 및 용기의 검사방법 · 합격기준 등을 위반하여 포장 및 용기의 안전성에 관한 검사를 한 경우
> ㉣ 지정기준에 맞지 아니하게 된 경우

7 철도안전법령상 위험물취급에 관한 교육에 있어서 국토교통부령으로 정하는 사항이 아닌 것은?

① 위험물취급전문교육기관의 지정기준 및 운영 등에 필요한 사항

② 정지처분의 세부기준 및 절차 등에 필요한 사항

③ 위험물취급안전교육에 필요한 사항

④ 위험물취급안전교육의 대상자 선정에 관한 사항

ADIVICE ④ 위험물취급자는 자신이 고용하고 있는 종사자 중 철도로 운송하는 위험물을 취급하는 종사자에 한하여 위험물취급 안전교육을 받도록 하여야 한다〈철도안전법 제44조의3 제1항〉.
① 철도안전법 제44조의3 제4항
② 철도안전법 제44조의3 제6항
③ 철도안전법 제44조의3 제2항
※ **위험물취급전문교육기관** … 국토교통부장관은 교육을 효율적으로 하기 위하여 위험물취급안전교육을 수행하는 위험 물취급전문교육기관을 지정하여 위험물취급안전교육을 실시하게 할 수 있다〈철도안전법 제44조의3 제3항〉.

8 철도안전법령상 위험물취급안전교육의 전부 또는 일부를 면제할 수 있는 종사자로 옳지 않은 자는?

① 「위험물안전관리법」에 따른 안전교육을 이수한 위험물의 안전관리와 관련된 업무를 수행하는 자

② 「고압가스안전관리법」에 따른 안전교육을 이수한 운반책임자

③ 「위험물철도운송규칙」에 따른 위험물취급에 관한 안전교육을 이수한 자

④ 「화학물질관리법」에 따른 유해화학물질 안전교육을 이수한 유해화학물질 취급 담당자

ADIVICE 위험물취급안전교육의 전부 또는 일부를 면제할 수 있는 종사자〈철도안전법 제44조의3 제1항〉
㉠ 철도안전에 관한 교육을 통하여 위험물취급에 관한 교육을 이수한 철도종사자
㉡ 「화학물질관리법」에 따른 유해화학물질 안전교육을 이수한 유해화학물질 취급 담당자
㉢ 「위험물안전관리법」에 따른 안전교육을 이수한 위험물의 안전관리와 관련된 업무를 수행하는 자
㉣ 「고압가스안전관리법」에 따른 안전교육을 이수한 운반책임자
㉤ 국토교통부령으로 정하는 경우

ANSWER 5.① 6.② 7.④ 8.③

9 철도안전법령상 철도보호지구에서의 행위신고 대상으로 옳지 않은 것은?

① 자갈 및 모래의 채취
② 농작물의 재배
③ 토지의 형질변경
④ 건축물의 신축·개축

> **ADIVICE** 철도보호지구에서의 행위제한〈철도안전법 제45조 제1항〉
> ㉠ 토지의 형질변경 및 굴착
> ㉡ 토석, 자갈 및 모래의 채취
> ㉢ 건축물의 신축·개축·증축 또는 인공구조물의 설치
> ㉣ 나무의 식재(대통령령으로 정하는 경우만 해당한다)
> ㉤ 철도시설을 파손하거나 철도차량의 안전운행을 방해할 우려가 있는 행위로서 대통령령으로 정하는 철도보호지구에
> 서의 안전운행 저해행위

10 철도안전법령상 철도보호지구에서의 행위신고 시 신고내용 또는 서류로 옳지 않은 것은?

① 해당 행위의 공사기간
② 설계도서
③ 해당 행위로 인한 철도안전의 계획
④ 해당 행위의 목적

> **ADIVICE** 철도보호지구에서의 행위를 신고하려는 자는 해당 행위의 목적, 공사기간 등이 기재된 신고서에 설계도서(필요한 경우
> 에 한정한다) 등을 제출하여야 한다〈철도안전법 시행령 제46조 제1항〉.

11 철도안전법령상 철도보호지구에서 나무식재에 대한 신고를 해야 하는 경우로 옳지 않은 것은?

① 나뭇가지가 전차선을 침범할 우려가 있는 경우
② 태풍으로 나무가 쓰러져 철도시설물을 훼손시킬 우려가 있는 경우
③ 철도차량 운전자의 전방시야 확보에 지장을 주는 경우
④ 조경수의 묘목으로 자연경관을 훼손할 우려가 있는 경우

> **ADIVICE** 철도보호지구에서 나무의 식재를 제한하는 경우〈철도안전법 시행령 제47조〉
> ㉠ 철도차량 운전자의 전방시야 확보에 지장을 주는 경우
> ㉡ 나뭇가지가 전차선이나 신호기 등을 침범하거나 침범할 우려가 있는 경우
> ㉢ 호우나 태풍 등으로 나무가 쓰러져 철도시설물을 훼손시키거나 열차의 운행에 지장을 줄 우려가 있는 경우

12 철도안전법령상 노면전차 철도보호지구의 바깥쪽에서 굴착할 경우 신고대상이 되는 거리는?

① 경계선으로부터 10미터 이내의 지역
② 경계선으로부터 20미터 이내의 지역
③ 경계선으로부터 30미터 이내의 지역
④ 경계선으로부터 50미터 이내의 지역

> **ADIVICE** 노면전차 철도보호지구의 바깥쪽 경계선으로부터 20미터 이내의 지역에서 굴착, 인공구조물의 설치 등 철도시설을 파손하거나 철도차량의 안전운행을 방해할 우려가 있는 행위로서 대통령령으로 정하는 행위를 하려는 자는 대통령령으로 정하는 바에 따라 국토교통부장관 또는 시 · 도지사에게 신고하여야 한다〈철도안전법 제45조 제2항〉.

13 철도안전법령상 철도보호지구에서의 행위제한에 대한 설명으로 옳지 않은 것은?

① 노면전차의 철도보호지구는 철도경계선으로부터 10미터 이내의 지역을 말한다.
② 철도보호지구에서 인공구조물의 설치할 경우에는 시 · 도지사에게 신고하여야 한다.
③ 국토교통부장관은 철도보호를 행위의 금지 또는 제한을 명령할 수 있다.
④ 철도운영자등은 행위자에게 철도차량의 안전운행을 위하여 행위 금지 · 제한을 요구할 수 있다.

> **ADIVICE** ④ 철도운영자등은 철도차량의 안전운행 및 철도 보호를 위하여 필요한 경우 국토교통부장관 또는 시 · 도지사에게 해당행위 금지 · 제한 또는 조치명령을 할 것을 요청할 수 있다〈철도안전법 제45조 제5항〉.
> ① 철도안전법 제45조 제1항
> ② 철도안전법 제45조 제1항 제3호
> ③ 철도안전법 제45조 제3항

14 철도안전법령상 노면전차의 안전운행 저해행위로 옳지 않은 것은?

① 최대높이가 30미터 이상인 타워크레인을 설치하는 행위
② 깊이 10미터 이상의 굴착
③ 높이가 10미터 이상인 인공구조물을 설치하는 행위
④ 위험물을 지정수량 이상 제조 · 저장하거나 전시하는 행위

ADIVICE 노면전차의 안전운행 저해행위〈철도안전법 시행령 제48조의2 제1항〉
  ㉠ 깊이 10미터 이상의 굴착
  ㉡ 건설기계 중 최대높이가 10미터 이상인 건설기계를 설치하는 행위
  ㉢ 높이가 10미터 이상인 인공구조물을 설치하는 행위
  ㉣ 위험물을 지정수량 이상 제조 · 저장하거나 전시하는 행위

15 철도안전법령상 시 · 도지사가 철도보호를 위하여 행위자에게 명령할 수 있는 안전조치로 옳지 않은 것은?

① 굴착공사에 사용되는 장비나 공법 등의 변경
② 철도시설의 보호 또는 철도차량의 안전운행을 위하여 필요한 안전조치
③ 신호기가 잘 보이도록 하는 시설의 설치 및 관리
④ 공사로 인하여 약해질 우려가 있는 지반에 대한 보강대책 수립 · 시행

ADIVICE 국토교통부장관이나 시 · 도지사가 철도보호를 위해 행위자에게 명령할 수 있는 안전조치〈철도안전법 시행령 제49조〉
  ㉠ 공사로 인하여 약해질 우려가 있는 지반에 대한 보강대책 수립 · 시행
  ㉡ 선로 옆의 제방 등에 대한 흙막이공사 시행
  ㉢ 굴착공사에 사용되는 장비나 공법 등의 변경
  ㉣ 지하수나 지표수 처리대책의 수립 · 시행
  ㉤ 시설물의 구조 검토 · 보강
  ㉥ 먼지나 티끌 등이 발생하는 시설 · 설비나 장비를 운용하는 경우 방진막, 물을 뿌리는 설비 등 분진방지시설 설치
  ㉦ 신호기를 가리거나 신호기를 보는데 지장을 주는 시설이나 설비 등의 철거
  ㉧ 안전울타리나 안전통로 등 안전시설의 설치
  ㉨ 철도시설의 보호 또는 철도차량의 안전운행을 위하여 필요한 안전조치

16 철도안전법령상 행위금지에 따른 손실보상의 재결 및 이의 신청에 대하여 준용하고 있는 법률은?

① 공익사업을 위한 토지 등의 취득 및 보상에 관한 법률(약칭 : 토지보상법)
② 국토의 계획 및 이용에 관한 법률(약칭 : 국토계획법)
③ 철도산업발전기본법(약칭 : 철도산업법)
④ 철도의 건설 및 철도시설 유지관리에 관한 법률(약칭 : 철도건설법)

> **ADIVICE** 재결에 대한 재결·이의신청에 관하여는 「공익사업을 위한 토지 등의 취득 및 보상에 관한 법률」을 준용한다〈철도안전법 제46조 제4항 및 철도안전법 시행령 제50조 제2항〉.

17 철도안전법령상 여객열차에서의 금지행위에 대한 설명으로 옳지 않은 것은?

① 운전업무종사자는 금지행위를 녹음·녹화 또는 촬영할 수 있다.
② 무임승차자는 여객열차에서의 금지행위를 적용하지 않는다.
③ 철도운영자는 여객열차에서의 금지행위에 관한 사항을 여객에게 안내하여야 한다.
④ 여객열차에서 타인을 폭행하여 열차운행에 지장을 초래하면 아니 된다.

> **ADIVICE** ② 여객(무임승차자를 포함한다)은 여객열차에서 금지행위를 하여서는 아니 된다〈철도안전법 제47조 제1항〉.
> ① 철도안전법 제47조 제3항 제2호
> ③ 철도안전법 제47조 제4항
> ④ 철도안전법 제47조 제2항

18 철도안전법령상 철도보호 및 질서유지를 위한 금지행위로 옳지 않은 것은?

① 철도시설에 국토교통부령으로 정하는 유해물을 버리는 행위
② 역시설 또는 철도차량에서 노숙하는 행위
③ 철도차량을 파손하여 철도차량 운행에 위험을 발생하게 하는 행위
④ 정당한 사유 없이 국토교통부령으로 정하는 여객출입 금지장소에 출입하는 행위

> **ADIVICE** ④는 여객열차에서의 금지행위이다〈철도안전법 제47조 제1항 제1호〉.
> ①②③ 철도안전법 제48조

ANSWER 14.① 15.③ 16.① 17.② 18.④

07. 철도차량 운행안전 및 철도보호 211

19 철도안전법령상 금지행위를 제지할 수 있는 사람이 아닌 자는?

① 여객승무원

② 철도운행안전관리자

③ 여객역무원

④ 운전업무종사자

> **ADIVICE** 운전업무종사자, 여객승무원 또는 여객역무원은 여객열차에서의 금지행위를 한 사람에 대하여 다음의 조치를 할 수 있다〈철도안전법 제47조 제3항〉.
> ㉠ 금지행위의 제지
> ㉡ 금지행위의 녹음·녹화 또는 촬영

20 철도안전법령상 여객 등의 안전 및 보안에 대한 설명으로 옳지 않은 것은?

① 국토교통부장관은 여객승객의 신체·휴대물품 및 수하물에 대한 보안검색을 실시하게 할 수 있다

② 철도운영자는 국토교통부장관이 차량운행정보를 요구를 거절할 수 없다

③ 국토교통부장관은 철도보안정보체계의 운영을 위해 최대한의 정보를 수집·관리하여야 한다.

④ 철도보안정보체계에 필요한 사항은 국토교통부령으로 정한다.

> **ADIVICE** ③ 국토교통부장관은 철도보안정보체계를 운영하기 위하여 철도차량의 안전운행 및 철도시설의 보호에 필요한 최소한의 정보만 수집·관리하여야 한다〈철도안전법 제48조의2 제4항〉.
> ① 철도안전법 제48조의2 제1항
> ② 철도안전법 제48조의2 제3항
> ④ 철도안전법 제48조의2 제5항

21 철도안전법령상 국토교통부장관이 보안검색정보 및 철도보안·치안관리에 필요한 정보를 효율적으로 활용하기 위하여 구축·운영해야 하는 것은?

① 보안검색정보라인

② 철도보안정보체계

③ 철도정보품질관리체계

④ 철도안전관리체계

> **ADIVICE** 국토교통부장관은 보안검색 정보 및 그 밖의 철도보안·치안 관리에 필요한 정보를 효율적으로 활용하기 위하여 철도보안정보체계를 구축·운영하여야 한다〈철도안전법 제48조의2 제2항〉.

22 철도안전법령상 보안검색장비에 대한 설명으로 옳지 않은 것은?

① 보안검색장비는 국토교통부장관으로부터 성능인증을 받아야 한다.

② 철도운영자는 성능인증을 받은 보안검색장비에 관한 기준을 고시하여야 한다.

③ 보안검색을 할 경우에는 성능인증을 받은 보안검색장비를 사용해야 한다.

④ 국토교통부장관은 보안검색장비의 성능확인을 위하여 정기적으로 또는 수시로 점검해야한다.

ADIVICE ② 국토교통부장관은 성능인증을 받은 보안검색장비의 운영, 유지관리 등에 관한 기준을 정하여 고시하여야 한다〈철도안전법 제48조의3 제3항〉.
①③ 철도안전법 제48조의3 제1항
④ 철도안전법 제48조의3 제4항
※ 성능인증을 위한 기준 · 방법 · 절차 등 운영에 필요한 사항은 국토교통부령으로 정한다〈철도안전법 제48조의3 제2항〉.

23 철도안전법령상 보안검색장비의 시험기관에 대한 설명으로 옳지 않은 것은?

① 시험기관이란 보안검색장비의 성능인증을 위하여 성능시험을 실시하는 기관을 말한다.

② 부정한 방법을 사용하여 시험기관으로 지정을 받은 경우에는 지정을 취소한다.

③ 국토교통부장관은 보안검색장비의 성능인증 및 점검업무를 인증기관에 위탁할 수 있다.

④ 국토교통부에 신고한 법인이나 단체 중에 국토교통부장관이 시험기관을 지정할 수 있다.

ADIVICE ④ 시험기관의 지정을 받으려는 법인이나 단체는 국토교통부령으로 정하는 지정기준을 갖추어 국토교통부장관에게 지정신청을 하여야 한다〈철도안전법 제48조의4 제2항〉.
① 철도안전법 제48조의4 제1항
② 철도안전법 제48조의4 제3항 제1호
③ 철도안전법 제48조의4 제4항

24 철도안전법령상 국토교통부장관이 보안검색장비의 성능인증 및 점검업무를 위탁하는 기관은?

① 인증업무전문기관 ② 한국철도기술연구원
③ 보안검색성능연구원 ④ 성능인증시험기관

ADIVICE 국토교통부장관은 보안검색장비의 성능인증 및 점검업무를 한국철도기술연구원에 위탁한다〈철도안전법 시행령 제50조의2〉.

☑ **ANSWER** 19.② 20.③ 21.② 22.② 23.④ 24.②

25 철도안전법령상 철도특별사법경찰관리가 휴대하는 직무장비에 해당되지 않는 것은?

① 수갑 및 포승

② 가스분사기 및 가스발사총

③ 전자충격기

④ 정보통신장비 및 무기류

ADVICE 직무장비 … 직무장비란 철도특별사법경찰관리가 휴대하여 범인검거와 피의자 호송 등의 직무수행에 사용하는 수갑, 포승, 가스분사기, 가스발사총(고무탄 발사겸용인 것을 포함한다), 전자충격기, 경비봉을 말한다〈철도안전법 제48조의5 제2항〉.

26 철도안전법령상 철도종사자가 착용해야 하는 권한표시의 종류로 옳지 않은 것은?

① 복장   ② 벨트

③ 완장   ④ 증표

ADVICE 철도종사자는 복장·모자·완장·증표 등으로 그가 직무상 지시를 할 수 있는 사람임을 표시하여야 한다〈철도안전법 시행령 제51조 제1항〉.

※ 철도운영자등은 철도종사자가 권한표시를 할 수 있도록 복장·모자·완장·증표 등의 지급 등 필요한 조치를 하여야 한다〈철도안전법 시행령 제51조 제2항〉.

27 철도안전법령상 철도안전법을 위반한 사람 또는 물건에 대하여 퇴거조치를 할 수 없는 사람은?

① 철도운행안전관리자

② 여객역무원

③ 운전업무종사자

④ 철도시설관리자

ADVICE ④ 철도시설관리자는 철도시설의 건설 또는 관리에 관한 업무를 수행하는 자이다〈철도안전법 제2조 제9호〉.

①②③은 철도종사자로서 철도종사자는 철도안전법을 위반한 사람 또는 물건을 열차 밖이나 대통령령으로 정하는 지역 밖으로 퇴거시키거나 철거할 수 있다〈철도안전법 제50조〉.

※ 철도종사자는 운전업무종사자, 관제업무에 종사하는 사람, 여객승무원, 여객역무원, 작업책임자, 철도운행안전관리자 등이 있다〈철도안전법 제2조 제10호〉.

28 철도안전법령상 철도안전법을 위반한 사람 또는 물건의 퇴거조치 대상으로 옳지 않은 것은?

① 여객열차에서 위해물품을 휴대하려 한 사람 및 그 위해물품

② 철도보호 및 질서유지를 위한 금지행위를 한 사람 및 그 물건

③ 여객 등의 안전을 위한 보안검색에 따르지 아니한 사람

④ 여객열차에서 위해물품을 휴대한 사람 및 그 위해물품

ADIVICE ① 여객열차에서 위해물품을 휴대한 사람 및 그 위해물품이 퇴거조치의 대상이다〈철도안전법 제50조 제1호〉.

※ 철도종사자는 퇴거조치 시 사람 또는 물건을 열차 밖이나 대통령령으로 정하는 지역 밖으로 퇴거시키거나 철거할 수 있다〈철도안전법 제50조〉.

CHAPTER

08 철도사고조사·처리

1 철도안전법령상 철도교통사고의 범위에 속하지 않는 것은?

① 탈선사고
② 열차화재사고
③ 철도화재사고
④ 충돌사고

ADIVICE 철도교통사고의 범위〈철도안전법 시행규칙 제1조의2 제1호〉

㉠ **충돌사고** : 철도차량이 다른 철도차량 또는 장애물(동물 및 조류는 제외한다)과 충돌하거나 접촉한 사고
㉡ **탈선사고** : 철도차량이 궤도를 이탈하는 사고
㉢ **열차화재사고** : 철도차량에서 화재가 발생하는 사고
㉣ **기타 철도교통사고** : 충돌사고, 탈선사고, 열차화재사고에 해당하지 않는 사고로서 철도차량의 운행과 관련된 사고
※ ③ 철도화재사고는 철도역사, 기계실 등 철도시설에서 화재가 발생하는 사고로 철도안전사고의 범위에 포함된다〈철도안전법 시행규칙 제1조의2 제2호 가목〉.

2 철도안전법령상 운행장애로 옳지 않은 것은?

① 고속열차가 20분 이상 운행이 지연된 경우
② 일반여객열차가 40분 이상 운행이 지연된 경우
③ 전동열차가 20분 이상 운행이 지연된 경우
④ 화물열차가 60분 이상 운행이 지연된 경우

ADIVICE 운행지연에 따른 운행장애의 범위〈철도안전법 시행규칙 제1조의4〉

㉠ **고속열차 및 전동열차** : 20분 이상
㉡ **일반여객열차** : 30분 이상
㉢ **화물열차 및 기타열차** : 60분 이상
※ 다른 철도사고 또는 운행장애로 인한 운행지연은 제외한다.

3 철도안전법령상 철도운영자등이 철도사고가 발생했을 때 취해야 할 조치로 옳지 않은 것은?

① 사상자 구호 ② 유류품 관리
③ 철도시설 복구 ④ 사고발생 사실을 언론에 공표

ADIVICE 철도운영자등은 철도사고등이 발생하였을 때에는 사상자 구호, 유류품 관리, 여객수송 및 철도시설 복구 등 인명피해 및 재산피해를 최소화하고 열차를 정상적으로 운행할 수 있도록 필요한 조치를 하여야 한다〈철도안전법 제60조 제1항〉.

4 철도안전법령상 철도사고등의 발생 시 철도운영자가 의무보고해야 하는 대상은?

① 대통령 ② 국토교통부장관
③ 행정안전부장관 ④ 경찰청

ADIVICE 철도운영자등은 사상자가 많은 사고 등 대통령령으로 정하는 철도사고등이 발생하였을 때에는 국토교통부령으로 정하는 바에 따라 즉시 국토교통부장관에게 보고하여야 한다〈철도안전법 제61조 제1항〉.

5 철도안전법령상 철도사고에 있어서 즉시보고에 대한 설명으로 옳지 않은 것은?

① 철도운영자등은 사상자가 많은 철도사고등이 발생하였을 때에는 즉시 보고해야 한다.
② 즉시 보고는 국토교통부령으로 정하는 바에 따라 해야 한다.
③ 철도차량이나 열차의 운행과 관련하여 3명 이상 사상자가 발생한 사고는 즉시 보고대상이다.
④ 즉시 보고대상이 아닌 철도사고등은 사고내용을 조사한 후 국가철도공단에 보고하여야 한다.

ADIVICE 철도사고등 의무보고〈철도안전법 제61조〉
　　㉠ 철도운영자등은 사상자가 많은 사고 등 대통령령으로 정하는 철도사고등이 발생하였을 때에는 국토교통부령으로 정하는 바에 따라 즉시 국토교통부장관에게 보고하여야 한다.
　　㉡ 철도운영자등은 ㉠의 철도사고등을 제외한 철도사고등이 발생하였을 때에는 국토교통부령으로 정하는 바에 따라 사고 내용을 조사하여 그 결과를 국토교통부장관에게 보고하여야 한다.
　　③ 철도안전법 제61조 제1항 → 철도안전법 시행령 제57조

6 철도안전법령상 철도차량 정비조직인증을 받은 자가 철도차량을 운영하거나 정비하는 중에 알게 된 사실을 보고해야 할 내용으로 옳지 않은 것은?

① 고장
② 기능장애
③ 신 부품 출시
④ 결함

ADIVICE 철도차량 정비조직인증을 받은 자가 철도차량을 운영하거나 정비하는 중에 국토교통부령으로 정하는 고장, 결함 또는 기능장애가 발생한 것을 알게 된 경우에는 국토교통부령으로 정하는 바에 따라 국토교통부장관에게 그 사실을 보고하여야 한다〈철도안전법 제61조의2 제2항〉.

7 철도안전법령상 철도차량 정비조직인증을 받은 자가 철도차량을 운영하거나 정비하는 중 고장이나 결함 또는 기능장애가 발생한 경우에 이를 보고해야 할 대상은?

① 철도운영자
② 철도차량 제조사
③ 국토교통부장관
④ 철도차량 정비조직인증 기관

ADIVICE 철도차량 정비조직인증을 받은 자가 철도차량을 운영하거나 정비하는 중에 국토교통부령으로 정하는 고장, 결함 또는 기능장애가 발생한 것을 알게 된 경우에는 국토교통부령으로 정하는 바에 따라 국토교통부장관에게 그 사실을 보고하여야 한다〈철도안전법 제61조의2 제2항〉.

8 철도안전법령상 철도안전위험요인에 대한 설명으로 옳지 않은 것은?

① 철도안전위험요인은 철도안전자율보고의 대상이다.
② 철도안전위험요인의 예방은 열차충돌, 탈선, 신호오류, 시스템 고장으로 한정한다.
③ 철도안전을 해치거나 해칠 우려가 있는 사건·상황·상태 등을 철도안전위험요인이라 한다.
④ 철도안전위험요인이 발생한 것을 안 사람은 그 사실을 국토교통부장관에게 보고할 수 있다.

ADIVICE 철도안전을 해치거나 해칠 우려가 있는 사건·상황·상태 등(이하 "철도안전위험요인"이라 한다)을 발생시켰거나 철도안전위험요인이 발생한 것을 안 사람 또는 철도안전위험요인이 발생할 것이 예상된다고 판단하는 사람은 국토교통부장관에게 그 사실을 보고할 수 있다〈철도안전법 제61조의3 제1항〉.

CHAPTER

09 보칙

1 국토교통부장관이 철도관계기관등에 대하여 필요한 사항을 보고하게 하거나 자료의 제출을 명할 수 있는 경우에 대한 설명으로 옳지 않은 것은?

① 국토교통부장관은 소속 공무원으로 하여금 철도관계기관등에 출입하여 관계인의 서류를 검사하게 할 수 있다.

② 출입·검사를 하는 공무원은 그 권한을 표시하는 증표를 관계인에게 보여주어야 한다.

③ 국토교통부장관은 보고 또는 자료의 제출을 명할 때에는 15일 이상의 기간을 주어야 한다.

④ 국토교통부장관은 관한 전문가를 위촉하여 검사 등의 업무에 관하여 자문에 응하게 할 수 있다.

ADIVICE ③ 국토교통부장관 또는 관계 지방자치단체의 장은 보고 또는 자료의 제출을 명할 때에는 7일 이상의 기간을 주어야한다. 다만, 공무원이 철도사고등이 발생한 현장에 출동하는 등 긴급한 상황인 경우에는 그러하지 아니하다〈철도안전법 시행령 제61조 제1항〉.
① 철도안전법 제73조 제2항
② 철도안전법 제73조 제3항
④ 철도안전법 시행령 제61조 제2항

☑**ANSWER** 6.③ 7.③ 8.② / 1.③

2 철도안전법령상 국토부장관의 통보 및 징계권고에 대한 설명으로 옳지 않은 것은?

① 범죄혐의가 있을 때에는 국토교통부장관이 수사기관에 통보해야 한다.

② 철도안전 관련 법규위반으로 사고가 발생했다고 인정될 때 철도운영자등에게 사고 책임자의 징계를 권고할 수 있다.

③ 징계권고를 받은 철도운영자등은 그 결과를 국토교통부장관에게 통보하여야 한다.

④ 철도안전과 관련된 법규 위반혐의가 있을 때에는 반드시 수사기관에 통보해야 한다.

> **ADIVICE** ④ 국토교통부장관은 철도안전과 관련된 법규 위반혐의가 있을 때에는 수사기관에 통보할 수 있지만 반드시 통보할 필요는 없다.
> ※ 국토교통부장관은 철도안전법 등 철도안전과 관련된 법규의 위반에 따른 범죄혐의가 있다고 인정할 만한 상당한 이유가 있을 때에는 관할 수사기관에 그 내용을 통보할 수 있다〈철도안전법 제75조의2 제1항〉.
> ① 철도안전법 제75조의2 제1항
> ②③ 철도안전법 제75조의2 제2항

3 국토교통부장관이 시·도지사에게 위임하는 권한으로 옳은 것은?

① 안전조치를 따르지 아니한 자의 과태료 부과·징수

② 안전관리기준에 대한 적합 여부 검사

③ 철도종사자의 준수사항을 위반한 자의 과태료 부과·징수

④ 종합시험운행 결과의 검토

> **ADIVICE** ③은 국토교통부장관이 철도특별사법경찰대장에게 위임하는 권한이다〈철도안전법 시행령 제62조 제2항〉.
> ②④는 국토교통부장관이 한국교통안전공단에 위탁하는 업무이다〈철도안전법 시행령 제63조 제1항〉.
> ※ **국토교통부장관이 시·도지사에게 위임하는 권한**〈철도안전법 시행령 제62조 제1항〉.
> ㉠ 이동·출발 등의 명령과 운행기준 등의 지시, 조언·정보의 제공 및 안전조치 업무
> ㉡ 안전조치를 따르지 아니한 자의 과태료 부과·징수

4 국토교통부장관이 철도특별사법경찰대장에게 위임하는 권한 중 과태료의 부과 · 징수대상의 위반행위자로 옳지 않은 사람은?

① 여객열차에서 흡연을 한 사람

② 선로에 승낙 없이 출입하거나 통행한 사람

③ 여객출입 금지장소에 출입하거나 물건을 여객열차 밖으로 던지는 행위를 한 사람

④ 무임승차를 한 사람

> **ADVICE** 국토교통부장관이 철도특별사법경찰대장에게 위임하는 과태료의 부과 · 징수 대상 위반행위자〈철도안전법 시행령 제62조 제2항 제3호〉
> ㉠ 철도종사자의 직무상 지시에 따르지 아니한 사람
> ㉡ 철도종사자의 준수사항을 위반한 자
> ㉢ 여객출입 금지장소에 출입하거나 물건을 여객열차 밖으로 던지는 행위를 한 사람
> ㉣ 철도시설(선로는 제외)에 승낙 없이 출입하거나 통행한 사람
> ㉤ 철도시설에 유해물 또는 오물을 버리거나 열차운행에 지장을 준 사람
> ㉥ 업무에 종사하는 동안에 열차 내에서 흡연을 한 사람
> ㉦ 여객열차에서 흡연을 한 사람
> ㉧ 선로에 승낙 없이 출입하거나 통행한 사람
> ㉨ 폭언 또는 고성방가 등 소란을 피우는 행위를 한 사람
> ㉩ 공중이나 여객에게 위해를 끼치는 행위를 한 사람

5 국토교통부장관이 한국교통안전공단에 위탁하는 업무 중 철도차량정비 관련 업무로 옳지 않은 것은?

① 철도차량 정비조직의 인증의 적합 여부에 관한 확인

② 철도차량정비기술자의 인정 취소에 관한 청문

③ 철도차량정비를 위한 정비지침서의 발간 · 관리

④ 철도차량정비기술자의 인정 및 철도차량정비경력증의 발급 · 관리

> **ADVICE** 국토교통부장관이 한국교통안전공단에 위탁하는 철도차량정비 관련 업무〈철도안전법 시행령 제63조 제1항〉
> ㉠ 철도차량정비기술자의 인정 및 철도차량정비경력증의 발급 · 관리
> ㉡ 철도차량정비기술자 인정의 취소 및 정지에 관한 사항
> ㉢ 철도차량 정비조직의 인증 및 변경인증의 적합 여부에 관한 확인
> ㉣ 철도차량정비기술자의 인정 취소에 관한 청문

---

6 국토교통부장관이 한국철도기술연구원에 위탁하는 업무가 아닌 것은?

① 철도용품 제작자승인검사에 따른 기술기준의 제정
② 철도차량 개조승인검사
③ 안전관리체계의 유지여부에 대한 정기검사 또는 수시검사
④ 철도운영자등에 대한 안전관리 수준평가

> **ADIVICE** ④는 국토교통부장관이 한국교통안전공단에 위탁하는 업무이다〈철도안전법 시행령 제63조 제1항〉
> ※ **국토교통부장관이 한국철도기술연구원에 위탁하는 업무**〈철도안전법 시행령 제63조 제2항〉
> ㉠ 철도차량 형식승인검사, 철도차량 제작자승인검사, 철도용품 형식승인검사, 철도용품 제작자승인검사에 따른 기술기준의 제정 또는 개정을 위한 연구·개발
> ㉡ 안전관리체계의 유지여부에 대한 정기검사 또는 수시검사
> ㉢ 철도차량·철도용품 표준규격의 제정·개정 등에 관한 업무
> ㉣ 철도차량 개조승인검사

7 국토교통부장관이 한국교통안전공단에 위탁하는 업무로 옳지 않은 것은?

① 철도용품의 정기검사 또는 수시검사
② 종합시험운행 결과의 검토
③ 안전관리기준에 대한 적합 여부 검사
④ 정비조직운영기준의 작성

> **ADIVICE** ①은 국토교통부장관이 한국철도기술연구원에 위탁하는 업무이다〈철도안전법 시행령 제63조 제2항〉.
> ※ **국토교통부장관이 한국교통안전공단에 위탁하는 업무**〈철도안전법 시행령 제63조 제1항〉
> ②③④ 철도안전법 제63조 제1항

8 국토교통부장관이 한국철도기술연구원에 위탁하는 업무 중 철도차량·철도용품 표준규격의 제정·개정 등에 관한 업무에 속하지 않는 것은?

① 표준규격서의 기록 및 보관
② 철도보호지구의 지정
③ 표준규격서의 작성
④ 표준규격의 제정·개정·폐지에 관한 신청의 접수

ADIVICE 국토교통부장관이 한국철도기술연구원에 위탁하는 업무 중 철도차량·철도용품 표준규격의 제정·개정 등에 관한 업무〈철도안전법 시행령 제63조 제2항 제8호〉
　ⓐ 표준규격의 제정·개정·폐지에 관한 신청의 접수
　ⓑ 표준규격의 제정·개정·폐지 및 확인 대상의 검토
　ⓒ 표준규격의 제정·개정·폐지 및 확인에 대한 처리결과 통보
　ⓓ 표준규격서의 작성
　ⓔ 표준규격서의 기록 및 보관

9 국토교통부장관이 철도안전에 관한 전문기관이나 단체에 위탁할 수 있는 업무가 아닌 것은?

① 자격증명서 발급
② 자격시험의 실시
③ 자격부여신청 접수
④ 자격부여 관계 자료제출 요청

ADIVICE 국토교통부장관이 지정하여 고시하는 철도안전에 관한 전문기관이나 단체에 위탁할 수 있는 업무〈철도안전법 시행령 제63조 제4항〉
　ⓐ 자격부여 등에 관한 업무 중 자격부여신청 접수
　ⓑ 자격부여 등에 관한 업무 중 자격증명서 발급
　ⓒ 자격부여 등에 관한 업무 중 자격부여 관계 자료 제출 요청
　ⓓ 자격부여 등에 관한 업무 중 자격부여에 관한 자료의 유지·관리 업무

☑**ANSWER** 6.④ 7.① 8.② 9.②

10 철도안전법령상 고유식별정보에 속하지 않는 것은?

① 주민등록번호
② 핸드폰번호
③ 여권번호
④ 건강에 관한 정보

ADIVICE 국토교통부장관 등은 사무를 수행하기 위하여 불가피한 경우 건강에 관한 정보나 주민등록번호 또는 여권번호가 포함된 자료를 처리할 수 있다〈철도안전법 시행령 제63조의2〉.

11 철도안전법령상 고유식별정보를 처리할 수 있는 기관으로 옳지 않은 기관은?

① 운전적성검사기관
② 운전교육훈련기관
③ 관제적성검사기관
④ 철도특별사법경찰대

ADIVICE 철도안전법령상 고유식별정보를 처리할 수 있는 기관〈철도안전법 시행령 제63조의2〉
　　㉠ 국토교통부장관
　　㉡ 신체검사 실시 의료기관
　　㉢ 운전적성검사기관
　　㉣ 운전교육훈련기관
　　㉤ 관제적성검사기관
　　㉥ 관제교육훈련기관

12 다음 어느 하나에 해당하는 경우 개별기준에 따른 **과태료 금액을 줄일 수 있다. 이 때 줄일 수 있는 범위로 옳은 것은?**

> ㉠ 위반행위가 사소한 부주의나 오류로 인한 것으로 인정되는 경우
> ㉡ 위반행위자가 법 위반상태를 시정하거나 해소하기 위해 노력한 것이 인정되는 경우
> ㉢ 그 밖에 위반행위의 정도, 위반행위의 동기와 그 결과 등을 고려하여 과태료를 줄일 필요가 있다고 인정되는 경우

① 과태료 금액의 20%
② 과태료 금액의 30%
③ 과태료 금액의 40%
④ 과태료 금액의 50%

ADVICE 부과권자는 ㉠㉡㉢의 어느 하나에 해당하는 경우에는 과태료 금액의 2분의 1 범위에서 그 금액을 줄일 수 있다. 다만, 과태료를 체납하고 있는 위반행위자의 경우에는 그렇지 않다〈철도안전법 시행령 제64조 별표6 제1호 라목〉.

13 다음 중 과태료 금액이 가장 적은 것은? (1회 위반한 경우에 한함)

① 여객열차에서 흡연을 한 경우
② 선로에 승낙 없이 출입하거나 통행한 경우
③ 시설등의 철거조치명령을 따르지 않은 경우
④ 철도시설에 유해물 또는 오물을 버리거나 열차운행에 지장을 준 경우

ADVICE ③의 과태료 부과금액이 1회 위반한 경우에는 15만 원이다〈철도안전법 시행령 제64조 별표6 제2호〉.
①②의 과태료 부과금액이 1회 위반한 경우에는 30만 원이다〈철도안전법 시행령 제64조 별표6 제2호〉.
④의 과태료 부과금액이 1회 위반한 경우에는 150만 원이다〈철도안전법 시행령 제64조 별표6 제2호〉.

CHAPTER

10 벌칙

1 철도안전법령상 다음에 해당하는 사람에 대한 처벌규정은?

철도시설 또는 철도차량을 파손하여 철도차량 운행에 위험을 발생하게 한 사람

① 2년 이하의 징역 또는 2천만 원 이하의 벌금에 처한다.
② 3년 이하의 징역 또는 3천만 원 이하의 벌금에 처한다.
③ 5년 이하의 징역 또는 5천만 원 이하의 벌금에 처한다.
④ 10년 이하의 징역 또는 1억원 이하의 벌금에 처한다.

ADIVICE 철도시설 또는 철도차량을 파손하여 철도차량 운행에 위험을 발생하게 한 사람은 10년 이하의 징역 또는 1억원 이하의 벌금에 처한다〈철도안전법 제78조 제2항〉.
※ **과실로 철도시설 또는 철도차량을 파손하여 철도차량 운행에 위험을 발생하게 한 사람**
　㉠ **과실로 죄를 지은 사람** : 1천만 원 이하의 벌금에 처한다〈철도안전법 제78조 제4항〉.
　㉡ **업무상 과실이나 중대한 과실로 죄를 지은 사람** : 2년 이하의 징역 또는 2천만 원 이하의 벌금에 처한다〈철도안전법 제78조 제6항〉.
※ **미수범도 처벌한다**〈철도안전법 제78조 제7항〉.

2 다음에서 벌칙이 다른 하나를 고르면?

> ㉠ 철도운영이나 철도시설의 관리에 중대하고 명백한 지장을 초래한 자
> ㉡ 철도차량을 향하여 돌을 던져 철도차량 운행에 위험을 발생하게 하는 행위를 한 자
> ㉢ 형식승인을 받지 아니한 철도용품을 철도시설 또는 철도차량 등에 사용한 자
> ㉣ 철도차량정비가 되지 않은 철도차량임을 알면서 운행한 자
> ㉤ 운행 중 비상정지버튼을 누르거나 승강용 출입문을 여는 행위를 한 자
> ㉥ 거짓이나 그 밖의 부정한 방법으로 형식승인을 받은 자

① ㉠   ② ㉡

③ ㉣   ④ ㉤

ADIVICE ㉡에 해당하는 자는 3년 이하의 징역 또는 3천만 원 이하의 벌금에 처한다〈철도안전법 제79조 제2항〉.
㉠㉢㉣㉤㉥에 해당하는 자는 2년 이하의 징역 또는 2천만 원 이하의 벌금에 처한다〈철도안전법 제79조 제3항〉.

3 다음에서 범칙금이 다른 하나를 고르면?

① 거짓이나 그 밖의 부정한 방법으로 운전면허를 받은 사람
② 거짓이나 그 밖의 부정한 방법으로 철도차량정비기술자로 인정받은 사람
③ 거짓이나 그 밖의 부정한 방법으로 안전관리체계의 승인을 받은 자
④ 거짓이나 그 밖의 부정한 방법으로 관제자격증명을 받은 사람

ADIVICE ③에 해당하는 자는 2년 이하의 징역 또는 2천만 원 이하의 벌금에 처한다〈철도안전법 제79조 제3항 제1호〉.
①②④하나에 해당하는 자는 1년 이하의 징역 또는 1천만 원 이하의 벌금에 처한다〈철도안전법 제79조 제4항〉.

☑**ANSWER** 1.④ 2.② 3.③

4 다음 중 "1년 이하의 징역 또는 1천만 원 이하의 벌금"에 처해지는 자로 볼 수 없는 사람은?

① 운전면허증을 다른 사람에게 빌려주거나 빌리거나 이를 알선한 사람

② 종합시험운행 결과를 허위로 보고한 자

③ 관제자격증명을 받지 아니하고 관제업무에 종사한 사람

④ 철도종사자와 여객 등에게 성적 수치심을 일으키는 행위

ADIVICE ①②③에 해당하는 자는 1년 이하의 징역 또는 1천만 원 이하의 벌금에 처한다〈철도안전법 제79조 제4항〉.
④를 위반한 자는 500만 원 이하의 벌금에 처한다〈철도안전법 제79조 제5항〉.

5 철도안전법령상 다음 중 과태료 부과금액이 가장 높은 것은?

① 선로에 승낙 없이 출입하거나 통행한 사람

② 형식승인표시를 하지 아니한 자

③ 우수운영자로 지정되었음을 나타내는 표시를 하거나 이와 유사한 표시를 한 자

④ 안전관리체계의 변경신고를 하지 아니하고 안전관리체계를 변경한 자

ADIVICE ②에 해당하는 자에게는 1천만 원 이하의 과태료를 부과한다〈철도안전법 제82조 제1항〉.
①에게는 100만 원 이하의 과태료를 부과한다〈철도안전법 제82조 제4항〉.
③에 해당하는 자에게는 300만 원 이하의 과태료를 부과한다〈철도안전법 제82조 제3항〉.
④에 해당하는 자에게는 500만 원 이하의 과태료를 부과한다〈철도안전법 제82조 제2항〉.

6 다음 중 "1천만 원 이하의 과태료"가 부과되는 위반행위를 한 자는?

① 안전교육을 실시하도록 조치하지 아니한 철도운영자등

② 업무에 종사하는 동안에 열차 내에서 흡연을 한 사람

③ 공중이나 여객에게 위해를 끼치는 행위를 한 사람

④ 안전관리체계의 변경승인을 받지 아니하고 안전관리체계를 변경한 자

ADIVICE ④에 해당하는 자에게는 1천만 원 이하의 과태료를 부과한다〈철도안전법 제82조 제1항 제1호〉.
①에 해당하는 자에게는 500만 원 이하의 과태료를 부과한다〈철도안전법 제82조 제2항〉.
②에 해당하는 자에게는 100만 원 이하의 과태료를 부과한다〈철도안전법 제82조 제4항〉.
③에 해당하는 자에게는 50만 원 이하의 과태료를 부과한다〈철도안전법 제82조 제5항〉.

7 다음 철도안전법 위반행위자 중 과태료 부과금액이 다른 사람을 고르면?

① 이력사항을 위조 · 변조하거나 고의로 훼손한 자

② 영상기록장치를 설치 · 운영하지 아니한 자

③ 안전교육을 실시하지 아니한 자

④ 국토교통부장관의 성능인증을 받은 보안검색장비를 사용하지 아니한 자

ADIVICE ③에 해당하는 자에게는 500만 원 이하의 과태료를 부과한다〈철도안전법 제82조 제2항〉.

①②④에 해당하는 자에게는 1천만 원 이하의 과태료를 부과한다〈철도안전법 제82조 제1항〉.

8 다음 중 "여객열차에서 흡연을 한 사람"에 대한 과태료 부과금액으로 옳은 것은?

① 500만 원 이하의 과태료

② 300만 원 이하의 과태료

③ 100만 원 이하의 과태료

④ 50만 원 이하의 과태료

ADIVICE 100만 원 이하의 과태료 부과대상자〈철도안전법 제82조 제4항〉

㉠ 업무에 종사하는 동안에 열차 내에서 흡연을 한 사람

㉡ 여객열차에서 흡연을 한 사람

㉢ 선로에 승낙 없이 출입하거나 통행한 사람

㉣ 폭언 또는 고성방가 등 소란을 피우는 행위를 한 사람

서원각 용어사전 시리즈

상식은 "용어사전"

용어사전으로 중요한 용어만 한눈에 보자

중요한 용어만 공부하자 !

✸ 시사용어사전 1200
매일 접하는 각종 기사와 정보 속에서 현대인이
놓치기 쉬운, 그러나 꼭 알아야 할 최신 시사상식
을 쏙쏙 뽑아 이해하기 쉽도록 정리했다!

✸ 경제용어사전 1030
주요 경제용어는 거의 다 실었다! 경제가 쉬워지
는 책, 경제용어사전!

✸ 부동산용어사전 1300
부동산에 대한 이해를 높이고 부동산의 개발과 활
용, 투자 및 부동산 용어 학습에도 적극적으로 이
용할 수 있는 부동산용어사전!

- 최신 관련 기사 수록
- 다양한 용어를 수록하여 1000개 이상의 용어 한눈에 파악
- 용어별 중요도 표시 및 꼼꼼한 용어 설명
- 파트별 TEST를 통해 실력점검

자격증

한번에 따기 위한 서원각 교재

한 권에 준비하기 시리즈 / 기출문제 정복하기 시리즈를 통해 자격증 준비하자!